KB124172

궁극의 일본어 구어체 표현 개꿀

궁극의 일본어 구어체 표현 개꿀

바가킹구 지음

바이링구얼

이 책의 구성

오늘의 표현

일본인이 일상에서 즐겨 쓰는 유용한 표현만 모았다. 하나의 표현 또는 관련 표현 여러 개가 함께 나오기도 한다.

일본어 예문

해당 표현의 실제 사용법을 제대로 알기 위해, 일본 드라마, 영화, 애니 등 수많은 작품 중 이해하기 가장 좋은 대사만 선별했다.

아이콘

어떤 작품의 대사인지 구분할 수 있도록 드라마, 영화, 애니를 각각 다른 아이콘으로 표시했다.

 드라마

 영화

 애니메이션

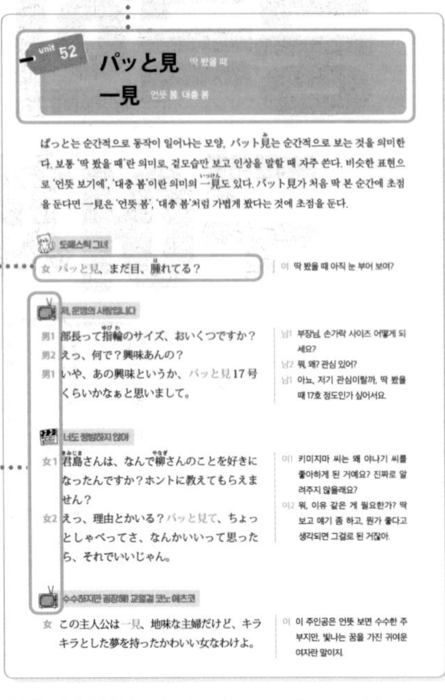

unit 52

パッと見 딱 봤을 때

一見 언뜻 봄, 대충 봄

ぱっと는 순간적으로 동작이 일어나는 모양, パット見는 순간적으로 보는 것을 의미한다. 보통 '딱 봤을 때'란 의미로, 겉모습만 보고 인상을 말할 때 자주 쓴다. 비슷한 표현으로 '언뜻 보기에', '대충 봄'이란 의미의 一見(いっけん)도 있다. パット見가 처음 딱 본 순간에 초점을 둔다면 一見은 '언뜻 봄', '대충 봄'처럼 가볍게 봤다는 것에 초점을 둔다.

도메스틱 그녀

女 パッと見、まだ目、腫(は)れてる？ | 여 딱 봤을 때 아직 눈 부어 보여?

저, 운명의 사람입니다

男1 部長って指輪(ゆびわ)のサイズ、おいくつですか？
男2 えっ、何で？興味あんの？
男1 いや、あの興味というか、パッと見17号くらいかなぁと思いまして。

남1 부장님, 손가락 사이즈 어떻게 되세요?
남2 뭐, 왜? 관심 있어?
남1 아뇨, 저기 관심이랄까, 딱 봤을 때 17호 정도인가 싶어서요.

너도 평범하지 않아

女1 君島(きみじま)さんは、なんで柳(やなぎ)さんのことを好きになったんですか？ホントに教えてもらえません？
女2 えっ、理由とかいる？パッと見て、ちょっとしゃべってさ、なんかいいって思ったら、それでいいじゃん。

여1 키미지마 씨는 왜 야나기 씨를 좋아하게 된 거예요? 진짜로 알려주지 않을래요?
여2 뭐, 이유 같은 게 필요한가? 딱 보고 얘기 좀 하고, 뭔가 좋다고 생각되면 그걸로 된 거잖아.

수수하지만 굉장해! 교열걸 코노 에츠코

女 この主人公は一見、地味な主婦だけど、キラキラとした夢を持ったかわいい女なわけよ。

여 이 주인공은 언뜻 보면 수수한 주부지만, 빛나는 꿈을 가진 귀여운 여자란 말이지.

Pop Quiz

빈칸에 들어갈 일본어를 상자 안에서 골라 적절한 형태로 바꿔 직접 적어본다. 정답은 우측 페이지 하단에 있다.

Pop Quiz 1

자연스러운 문장이 되도록 어울리는 표현을 골라서 적절한 형태로 만들어 넣으시오.

スルー, あり, わかる, またまた, バズる, 映える, あるある, 一気見, 盛れる, 既読

1. ドラマを ＿＿＿＿＿＿ して寝不足だ。
2. ここ、最近SNSでめっちゃ ＿＿＿＿＿＿ 店なの。
3. うわぁ、おいしそう！写真撮らなきゃ。えっ、超 ＿＿＿＿＿＿ てる。
4. こっちの写真が2人とも ＿＿＿＿＿＿ てるね。
5. 彼女に電話もメールも ＿＿＿＿＿＿ されてるんだ。
6. なんで連絡くれないの？メッセージも ＿＿＿＿＿＿ にならないし。
7. A：あ～。会社、辞めよっかな～。
   B：＿＿＿＿＿＿。何ですぐ辞めようとか言うかな。
8. A：まったく、結婚なんてしなきゃよかった！
   B：＿＿＿＿＿＿～。タイムスリップして、昔の私に結婚するなって言いたい！
9. 私は年の差の恋、＿＿＿＿＿＿ だなぁ。
10. 試験の結果がショックで塾を休むのは、この時期の ＿＿＿＿＿＿ ですね。

이 책의 학습법

Step 1 책 읽기

일본어 표현에 관한 설명과 일본어 예문을 읽고 우리말 해석을 보지 않고 직접 해석해 본다. 일본어는 한자를 읽을 수 있느냐도 중요하기 때문에 음원을 듣기 전에 먼저 읽어보는 게 좋다.

Step 2 MP3 음원 듣기

음원을 들으며 일본인의 정확한 발음과 억양을 확인한다. 여러 번 듣고 귀에 익숙해지도록 한다.

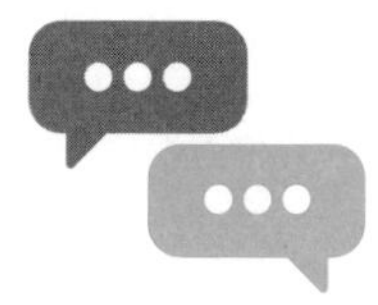

Step 3 해석만 보고 일본어 말하기

일본어 예문을 가리고 우리말 해석만 보고 일본어로 말해 본다.

Step 4 연습문제 풀기

10페이지의 학습이 끝날 때마다 Pop Quiz를 풀어 보고 익힌 표현을 잊지 않도록 한다.

Contents

CHAPTER 01

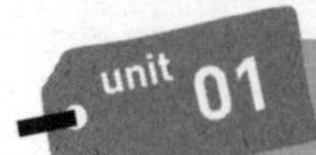

一気見　一気読み　一気飲み

정주행　한 번에 읽기　원샷

一気(いっき)는 '한 번에', '단숨에'란 뜻이다. 그래서 시리즈로 된 드라마나 애니 등을 한 번에 끝까지 보는 '정주행'을 一気見(いっきみ), 앉은 자리에서 한 번에 끝까지 책을 읽는 것을 一気読み(いっきよみ), 술이든 음료든 한 번에 잔을 비우는 것을 一気飲み(いっきのみ)라고 한다. 술자리에서 '원샷'을 권할 때는 イッキ를 연달아 외치거나, 다양한 술자리 구호(飲み会(のみかい)コール), 원샷 구호(一気コール)를 외치기도 한다.

 멘탈 강한 미녀 시라카와 씨

女 そうだ！録画してたドラマ一気見しよう。ずっと見たかったんだよね～。

여 맞다! 녹화해 둔 드라마 정주행해야지. 줄곧 보고 싶었으니까~.

 다음 생에는 제대로 하겠습니다

女 家にこもって名作アニメ一気見するぐらいしかやることないんだよね～。

여 집에 틀어박혀서 명작 애니를 몰아 보는 것밖에 할 게 없단 말이지~.

 실연밥

男 『失恋めし』また頭から読んじゃったよ。何度読んでもいいよね。
女 ねえ、外で読んでくれる？
男 トイレで一気読みするのがいいんだよ。

남 '실연밥'을 또 처음부터 읽어 버렸어. 몇 번을 읽어도 좋단 말이지.
여 저기, 밖에서 읽으면 안 돼?
남 화장실에서 한 번에 읽는 게 좋아.

 가족의 형태

男 お前、紅茶、一気飲みするヤツあるか。

남 너 말이야, 홍차를 원샷하는 녀석이 어딨어.

 런치의 앗코짱

男 テキーラ一気飲みしちゃって、胃がきりきりするよ。

남 테킬라 원샷해 버렸더니 속이 쓰려.

バズる 인터넷에서 폭발적으로 화제가 되다

炎上 악플 쇄도

인터넷에 올린 영상이나 사진, 글 등이 단기간에 폭발적으로 화제가 되는 것을 バズる라고 하는데, '웅성거리다', '시끌벅적하다'란 의미의 영어 buzz에 동사형 어미 る를 붙여 만든 표현이다. 문맥에 따라 '화제가 되다', '인기를 끌다', '떡상하다' 등의 의미가 된다. 炎上(えんじょう)는 원래 '불이 타오름'이란 의미인데, 실언이나 잘못에 대해 인터넷에서 비난의 댓글이 쇄도하는 것을 炎上する라고 하고, 심할 경우 大炎上(だいえんじょう)라고 한다.

 너에게 들려주고 싶은 노래가 있어

女 ここのラーメンなんですが、今、ネットで超バズってますよね。

여 이 라멘 말인데요. 요즘 인터넷에서 완전 화제잖아요.

 아빠와 딸의 7일간

男 女子高生に買ってもらいたいなら、女子高生にバズってるインフルエンサーに頼んだ方が絶対売れるって。

남 여고생이 사주길 바란다면 여고생에게 화제인 인플루언서에게 부탁하는 게 분명히 잘 팔린다니까.

 뻐꾸기 커플

女 すごい。私じゃないみたい。撮る人によってこんなに違うのね。これ、絶対バズるわ。凪(なぎ)君、もっと撮って。

여 대단해. 내가 아닌 것 같아. 찍는 사람에 따라 이렇게 다르구나. 이거 분명 인기 끌 거야. 나기야, 더 찍어 줘.

 새로운 왕

男 テレビ番組で九州がアフリカになってる地図使ってて、すっげえ炎上してるらしい。

남 TV 프로그램에서 규슈가 아프리카 모양으로 되어 있는 지도를 써서 엄청 악플이 쇄도하나 봐.

그랑 메종 도쿄

男 尾花夏樹(おばななつき)とグランメゾン東京、ネットで大炎上ですよ。あの店も終わりですね。

남 오바나 나츠키와 그랑 메종 도쿄가 인터넷에서 난리예요. 그 가게도 끝났네요.

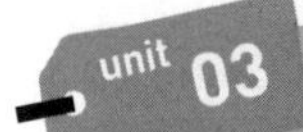

映える

인스타 각이다

원래 映える는 '빛나다', '돋보이다'란 뜻인데, 인스타그램이 등장한 이후 インスタ映え란 말이 생기면서 映える란 말도 단독으로 쓰이게 되었다. インスタ映え는 인스타에 올린 사진이나 영상이 '좋아요'를 많이 받아 인기를 얻는 것을 의미해서, 映える는 '인스타 각이다'란 의미로 사용한다.

사랑 따위 진심으로 해서 어쩌려고?

男 女の子たちがさ、うちの店の料理をインスタに映えるっていって上げてくれて、それでお客さん増えたんだよ。

남 여자애들이 우리 가게 요리를 인스타 각이라며 올려 줘서, 그래서 손님이 늘었어.

그래서 저는 픽했습니다

女 アフター５はジムやヨガ、週末は彼氏とデート、平日の夜は映えるレストランで女子会とかして。

여 퇴근 후에는 헬스장이나 요가, 주말에는 남자친구와 데이트, 평일 저녁에는 인스타 감성 레스토랑에서 여자들끼리의 모임 같은 거 해.

행렬의 여신 ~라면 서유기~

男 ゆとりちゃんは、調理技術がある分、こだわりがちだけど、客はそこまで新しい味なんて求めてないよ。無難な味で、見た目がインスタ映えするくらいがちょうどいいんだって。

남 유토리는 요리 솜씨가 좋은 만큼 신념이 있지만, 손님은 그렇게까지 새로운 맛을 바라지 않아. 맛이 무난하고 겉보기에 인스타에서 인기 있을 정도가 딱 좋다니까.

훈제요리 라이프

女1 せっかくだから、缶詰もあとで撮りましょうよ。

女2 いいね～。映える写真撮ろう。

여1 모처럼이니까 통조림도 나중에 찍어요.

여2 좋아~. 인스타 감성 사진 찍자.

盛れる 사진이 실물보다 예쁘게 나오다
ブレる 사진이 흔들리다

사진이 실제보다 더 예쁘게 잘 나오는 것을 盛(も)れる라고 하고, 盛(も)れるメイク(사진발 받는 메이크업), 盛(も)れる写真(しゃしん)の撮(と)り方(かた)(예쁘게 나오게 찍는 법), 盛れるアプリ(사진 예쁘게 나오는 앱), 盛れるマスク(사진발 받는 마스크)처럼 사용한다. 사진이 흔들려 찍힌 것은 ブレる라고 한다.

남자 가정부를 원해?

女 これ、すごくない？盛れてるでしょ？

여 이거 대단하지 않아? 예쁘게 나왔지?

신의 편애

女 やっぱ元がいいと、何やっても盛れるねえ。

여 역시 원판이 좋으면 뭘 해도 잘 나오네.

그게 아닌 쪽의 그녀

男 写りが悪いな…。明かりで盛ればいいんだよね～。

남 사진이 잘 안 나오네. 조명으로 잘 나오게 하면 되지~.

오늘은 회사 쉬겠습니다

男 はい、チーズ。フフフ… ちょっとブレたかな？もう一回撮りましょう。

남 자, 김치. 하하, 좀 흔들렸나? 다시 한번 찍어요.

삐꾸기 커플

女1 アハハハッ。凪(なぎ)君、ブレてるし。

女2 お兄って、ホント間(ま)が悪いんだよね。家族で写真撮る時も目つぶってたりさ。

여1 하하하. 나기는 흔들렸어.

여2 오빠는 정말 타이밍이 안 좋아. 가족끼리 사진 찍을 때도 눈을 감고 말이야.

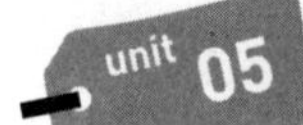

スルーする

무시하다, 지나치다

문자나 전화 등의 연락을 무시하고 받지 않거나, 상대방의 말에 반응하지 않고 못 들은 척 무시하거나, 무엇을 못 본 척 지나치거나 하는 것 등을 スルー라고 한다. 영어 through의 일본식 발음으로, スルーする(무시하다)처럼 동사형으로 많이 쓴다. 상대방이 내 말에 반응 없이 넘어갈 때 スルーかよ?, 完全(かんぜん)にスルーかい! 처럼 명사형으로 쓰기도 한다.

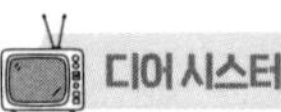

디어 시스터

男 人がせっかく真剣に話してんのにさ、スルーすんなよ、お前。

남 사람이 모처럼 진지하게 얘기하고 있는데 무시하지 마, 너.

수수하지만 굉장해! 교열걸 코노 에츠코

男1 是永(これなが)君!
男2 貝塚(かいづか)さん…、お久しぶりです。
男1 いや、お久しぶりじゃないよ。何で電話出ないんだよ。
男2 すいません。何か、一度、電話スルーしたら、次、出るの気まずくって。

남1 코레나가!
남2 카이즈카 씨…, 오랜만이에요.
남1 아니, 오랜만이라고 할 게 아니지. 왜 전화 안 받아?
남2 죄송합니다. 왠지 한 번 전화 안 받았더니 다음에 받는 게 어색해서.

솔로 활동 여자의 추천

女 こんなカフェテリアがあったら、スルーするわけにはいかないじゃないか。

여 이런 카페가 있으면 그냥 지나칠 수가 없잖아.

시모베에

女 人生で初めてした告白は、思いっきりスルーされてしまった。

여 생애 최초로 한 고백을 완전히 무시당해 버렸다.

unit 06

既読 읽음
既読スルー 읽씹

카카오톡이나 라인 등의 메시지 앱에서 메시지 읽음 표시를 既読(きどく)라고 하는데, 읽음으로 표시되는 동작은 既読になる, 既読が付(つ)く라고 한다. 상대가 메시지를 계속 확인하지 않다가 마침내 읽었을 때는 既読になった, 既読ついた 등으로 기쁜 마음을 표시하기도 하고, 안 읽은 상태일 때는 既読にならない, 既読になってない, 既読つかない라고 말한다. 그리고 메시지를 읽기만 하고 답장이 없을 때는 '무시하다'란 의미의 スルー를 붙여 既読スルー라고 하는데, 우리말의 '읽씹'에 해당한다.

유니콘을 타고

男 小鳥(ことり)さんからまだ連絡ないの？
女 うん。LINEも既読にならないし。何があったんだろう。

남 코토리 씨한테서 아직 연락 없어?
여 응, 라인도 읽지 않고. 무슨 일이 있는 건가?

지속 가능한 사랑입니까?

女 既読が付いてるってことは、無事ってことだよね。

여 읽음 표시가 됐다는 건 무사하다는 거겠지.

서바이벌 웨딩

男 ついに柏木(かしわぎ)王子とデート… じゃないの？
女1 デートには誘ったけど、王子から返事がないらしいです。
女2 いつから？
女3 丸一日、既読スルーです。

남 마침내 카시와기 왕자와 데이트… 아니야?
여1 데이트는 신청했는데 왕자한테서 답장이 없는 모양이에요.
여2 언제부터?
여3 하루 종일 읽씹이에요.

이 사랑 데워드릴까요

男 拓兄(たくに)ィどうしてる？LINEしても既読スルーでさ。

남 타쿠 형은 어떻게 지내? 라인 해도 읽고 답이 없어.

またまた

또 그러신다, 또 그런다, 또 그런 소릴, 또 그런 농담을

상대방의 말이 농담이나 겉치레 인사말처럼 들리거나, 쑥스러워서 겸손하게 말하는 걸로 들리거나, 겸연쩍어서 마음에 없는 소리를 하는 걸로 들릴 때, 못 믿겠다는 뜻으로 またまた라고 말하는데, 이는 またまたご冗談(じょうだん)を, またまたそんなこと言(い)う 등의 축약 표현으로, '또 그러신다', '또 그런 소릴', '또 그런 농담을' 따위의 의미이다.

검은 가죽 수첩

男 はっきり言おう。私はママに惚れてる。
女 アハハハ…。またまた…。誰にでもおっしゃってるんでしょう？

남 확실히 말하지. 나 마담한테 반했어.
여 하하하. 또 그런 농담을…. 누구한테나 하는 소리죠?

리버설 오케스트라

男1 穂刈(ほかり)さんは奥さんとどこで出会ったんですか？
男2 僕？もう昔のこと過ぎて忘れちゃったよ。
女 え〜、またまた〜！

남1 호카리 씨는 부인이랑 어디서 만나셨어요?
남2 나? 너무 오래되어서 잊어버렸지.
여 에이~. 또 그러신다~!

넘버 MG5

女1 何か… さみしいね。３人だと。
女2 うるせえのが消えていいじゃねえか。
女1 またまた〜。ホントは心配なんでしょ、兄ちゃんのこと。

여1 뭔가… 허전하네. 셋만 있으니.
여2 시끄러운 녀석이 사라져서 좋잖아.
여1 또 그러신다~. 실은 오빠가 걱정되죠?

멘탈 강한 미녀 시라카와 씨

男 じゃあ、そろそろ結婚か？桃乃(ももの)ちゃんの花嫁姿、かわいいだろうね〜。
女 そんな相手まだいないですよ。
男 またまた。ウソでしょ。こんな美人が。

남 이제 슬슬 결혼인가? 모모노 씨의 신부 모습 예쁘겠다~.
여 그런 상대 아직 없어요.
남 또 그런다. 말도 안 돼. 이런 미인이.

分かる

맞아, 뭔지 알아

分かるは 分かりました(알겠습니다)처럼 보통 '알다', '이해하다'란 뜻으로 널리 알려져 있는데, 구어체에서 상대방의 말에 격하게 공감할 때 '맞아', '뭔지 알아'란 뜻으로도 많이 쓴다. 分かる, 分かりました 둘 다 공감의 의미로 쓰고, 히라가나로 표기하기도 한다.

퍼스트 러브 하츠코이

女1 並木(なみき)って、ちょっと怖そうだけど、カッコよくない?

女2 分かる!うち、密かに狙ってたし。

여1 나미키 말이야. 좀 무서워 보이지만 멋있지 않아?

여2 맞아! 나 몰래 노리고 있었어.

나를 위한 한끼 ~포상밥~

女1 でも、池田(いけだ)さんはいっつも仕事楽しそうだよね。

女2 うん、楽しいよ。「お世話になっております」とか言うと社会人っぽいしさ。

女1 わかる!あのさ、名刺渡すときとか、すっごい大人になったなって思うよね。

여1 근데 이케다 씨는 항상 일하는 게 즐거워 보이던데.

여2 응, 즐거워. "신세 많이 지고 있습니다." 같은 말을 하면 사회인 느낌 나고 말이지.

여1 맞아! 저기, 명함 건넬 때라든지 엄청 어른이 된 것처럼 느껴지잖아.

멘탈 강한 미녀 시라카와 씨

女1 私らなんて、久々に1人で買い物とか思っても、結局、子どものことが気になっちゃって。

女2 わかります~!自分の服買いにいったはずなのに、子どもと旦那のものば~っかり見ちゃうんですよね~!

여1 우리들은 오랜만에 혼자 쇼핑 같은 거 가려 해도 결국 애가 신경 쓰여서.

여2 맞아요~! 자기 옷 사러 가서 애랑 남편 옷만 보게 되잖아요~!

unit 09

アリ 있음, 가능함, 괜찮음
ありうる 있을 수 있다

ある의 명사형인 あり는 '있음', '가능함'이란 뜻으로, 어떤 일이 존재하거나 가능성 있음을 의미한다. 또한 상황에 따라 괜찮다는 의미가 되기도 한다. ありうる는 어떤 일이 '있을 수 있다', '그럴 가능성 있다'란 뜻이고, 부정형인 ありえない는 '있을 수 없다', '말도 안 된다'란 뜻이다. '있을 수 없는', '있어서는 안 될'이란 뜻의 あるまじき는 あるまじき行為(こうい)(있을 수 없는 행위), あるまじき発言(はつげん)(있을 수 없는 발언), あるまじき言動(げんどう)(있을 수 없는 언동) 등으로 주로 쓴다.

장난스런 키스 ~ Love in TOKYO

男 入江(いりえ)の野郎が見合いやと！？
女1 相手は取引先のお嬢さん。
女2 それじゃあ、まるで政略(せいりゃく)結婚じゃない！
女3 うわっ、今どき、そんなのあり？

남 이리에 녀석이 맞선을 본다고!?
여1 상대는 거래처 따님.
여2 그건 완전 정략결혼이잖아!
여3 우와, 요즘 세상에 그런 게 있어?

최애 왕자님

男 これとこれだと、どっちがいいと思う？
女 いや、どっちもありだと思うけど、こっちかな。

남 이거랑 이거 중에 뭐가 좋은 거 같아?
여 음, 둘 다 괜찮긴 한데, 이쪽이 더 나으려나.

장난스런 키스 ~ Love in TOKYO

女 このまま大学を辞めて、会社を継ぐっていうこともありうるってことね。

여 이대로 대학을 관두고 가업을 잇는 일도 있을 수 있겠네.

한바탕 소동이라면 기꺼이!

女 経歴詐称(さしょう)は解雇案件です。社会人としてあるまじき行為です！

여 경력 사칭은 해고 안건이에요. 사회인으로서 있을 수 없는 행위예요!

unit 10

あるある

흔한 일, 자주 있는 일

あるある는 ある를 강조해서 '있어 있어'처럼 중복 표현으로 말하는 경우도 있지만, 흔히 자주 일어나는 일에 대해 공감하는 표현으로 '흔한 일', '자주 있는 일'이란 뜻으로 쓰는 경우가 많다.

지속 가능한 사랑입니까?

女1 どうでしたか？

女2 いや、体もだけど、杏花(きょうか)さんのお話が心地よくて。

女1 でも、話してること、自分ではなかなか実践できないんです。インストラクターあるあるで。

여1 어떠셨어요?

여2 아니, 몸도 그렇지만 쿄카 씨의 얘기가 기분 좋더라고요.

여1 근데 말하는 거, 스스로는 좀처럼 실천 못 해요. 강사에게 흔한 일이죠.

연하 남자친구

女 ふだん、サークルに来ないような人が、飲み会だけいるのって、大学あるあるじゃない？

여 평소 동아리에 안 나오는 사람이 술자리에만 나오는 거, 대학에서는 흔한 일 아니야?

유루캠프 △ 2기

女1 あれ？今、帰り？

女2 うん。あきがスマホ無くして探しててん。

女1 えっ、見つかったの？

女3 カバンの外ポケットに入ってた。

女1 あるあるだな。

여1 어? 지금 돌아가는 거야?

여2 응. 아키가 스마트폰 잃어버려서 찾느라고.

여1 이런, 찾았어?

여3 가방 바깥 포켓에 들어 있었어.

여1 자주 있는 일이네.

한바탕 소동이라면 기꺼이!

女 人事評価制度を作りましょう。評価制度がない。もしくは、制度の作りが甘い。どちらも中小企業あるあるです。

여 인사 평가 제도를 만듭시다. 평가 제도가 없다. 또는 제도의 구조가 허술하다. 둘 다 중소기업에서 흔한 일이죠.

• Pop Quiz ❶ •

 자연스러운 문장이 되도록 어울리는 표현을 골라서 적절한 형태로 만들어 넣으시오.

> スルー, あり, わかる, またまた, バズる, 映える, あるある, 一気見, 盛れる, 既読

1. ドラマを ________________ して寝不足だ。

2. ここ、最近SNSでめっちゃ ________________ 店なの。

3. うわぁ、おいしそう！写真撮らなきゃ。えっ、超 ________________ てる。

4. こっちの写真が２人とも ________________ てるね。

5. 彼女に電話もメールも ________________ されてるんだ。

6. なんで連絡くれないの？メッセージも ________________ にならないし。

7. A : あ〜。会社、辞めよっかな〜。

   B : ________________ 。何ですぐ辞めようとか言うかな。

8. A : まったく、結婚なんてしなきゃよかった！

   B : ________________ 〜。タイムスリップして、昔の私に結婚するなって言いたい！

9. 私は年の差の恋、________________ だなぁ。

10. 試験の結果がショックで塾を休むのは、この時期の ________________ ですね。

CHAPTER 02

Chapter 1 정답 1. 一気見 2. バズってる 3. 映え 4. 盛れ 5. スルー 6. 既読 7. またまた 8. わかる 9. あり 10. あるある

ありきたり 흔해 빠짐
ありふれた 흔한

ありきたり는 너무 흔해 빠져서 진부하다는 부정적인 느낌의 표현이고, 비슷한 의미의 ありふれた는 어디에나 있는 평범하고 흔하다는 의미로 부정적인 뉘앙스는 별로 없다.

독신 귀족

男 脚本、読ませていただきました。構成はめちゃくちゃ。ストーリーもありきたり。テーマもキャラクターも弱過ぎる。だが、せりふだけはよかった。

남 각본 읽어 봤습니다. 구성은 엉망진창, 스토리도 흔해 빠졌고, 주제도 캐릭터도 너무 약해. 하지만 대사 하나는 좋았어요.

어이 미남!!

男1 米山(よねやま)さん、本当にお疲れさまでした。
男2 どうもありがとうございます。
男1 ありきたりですが、第二の人生ですね。
男2「第二の人生」言われたの、今日9回目です。

남1 요네야마 씨, 정말 수고 많으셨습니다.
남2 감사합니다.
남1 너무 흔한 말이지만, 이제 제2의 인생이군요.
남2 '제2의 인생'이란 말 듣는 거, 오늘 9번째네요.

여자 구애의 밥 시즌 2

女 女が恋に落ちるのは、ありふれた褒め言葉や、甘い言葉ではない。彼女の存在を肯定し、その承認欲求を満たす真摯(しんし)な言葉なのだ。

여 여자가 사랑에 빠지는 것은 흔한 칭찬이나 달콤한 말이 아니다. 그녀의 존재를 긍정하고, 인정받고 싶은 욕구를 채워 주는 진심 담긴 말이다.

세상에서 가장 어려운 사랑

男 鮫島零治(さめじまれいじ)は、そんなありふれた名前じゃないだろ。

남 '사메지마 레이지'는 그렇게 흔한 이름은 아니잖아.

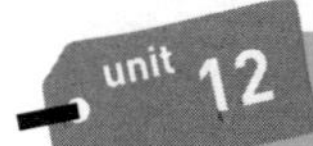

ありがち

있을 법함, 흔히 있음

がち는 명사나 동사의 연용형 뒤에 붙어 '자주 ~한다', '~하는 경향이 있다', '~하기 쉽다'란 뜻을 만든다. 그래서 忘(わす)れがち는 '곧잘 잊음', '잊기 일쑤임', 思(おも)われがち는 '생각되는 경향이 있음', '생각되기 쉬움', 病気(びょうき)がち는 '자주 아픔', '잔병이 많음', ありがち는 '있을 법함', '흔히 있음'이란 뜻이 된다.

女 豪雨(ごうう)の日には傘を忘れがちですよね。

여 비가 많이 올 때는 우산을 잊어버리기 쉽죠.

다음 생에는 제대로 하겠습니다

女 30過ぎて独身だと重く思われがちだし、バツイチのほうがむしろモテそうだし。

여 서른 넘어서 독신이면 부담스럽게 생각되기 쉽고, 돌싱 쪽이 오히려 인기 있을 것 같아.

악녀~일하는 게 멋없다고 누가 말했어~

女 困るんです。リストラなんて！両親は病気がちだし、独身で兄弟も恋人もいない。私が働かないと…。

여 곤란해요. 정리해고라니! 부모님은 자주 아프시고, (저는) 독신에 형제도 애인도 없어요. 제가 일하지 않으면….

이 사랑 데워드릴까요

女 シュークリームなら、まず、クリームから変えたい。コンビニスイーツにありがちな、こう、重たいクリームじゃなくって、あと、ゆるふわな、とろけるような、食感のクリームが作りたい。

여 슈크림빵이라면 우선 크림부터 바꾸고 싶어. 편의점에 흔히 있는 느끼한 크림이 아니라, 부드럽고 폭신해서 녹는 듯한 식감의 크림을 만들고 싶어.

unit 13

イケる

잘되다, 성공하다, 꽤 맛있다, 술을 마실 수 있다

イケる는 '계획하거나 준비한 작업이 잘되다', '이성을 꼬시는 데 성공하다(먹히다/통하다)', '맛이 꽤 괜찮다', '술을 마실 수 있다' 등 여러 긍정적인 의미로 다양한 상황에서 많이 사용된다.

기적: 그 날의 소비토

男1 売野(うりの)さんは、自分で曲作ったことあるんすか。

男2 ないよ。でもイケる曲とだめな曲の判断はつくよ。そういうことで生き残ってきたからね。

남1 우리노 씨는 직접 곡을 만든 적 있나요?

남2 없어. 하지만 잘될 곡과 안되는 곡의 판단은 서지. 그걸로 살아남았으니까.

포르투나의 눈동자

女 ねえねえ、慎(しん)ちゃん。知ってる？駅前にできたイタリアン、結構イケるんだって！

여 있잖아, 신. 그거 알아? 역 앞에 생긴 이탈리아 음식점 꽤 맛있대!

내 이야기는 길어

男 うん、鶏肉も結構イケますね。

남 음, 닭고기도 꽤 맛있네요.

피스 오브 케이크

男 梅宮(うめみや)さん、大丈夫？

女 まだイケる。

남 우메미야 씨, 괜찮아?

여 아직 더 마실 수 있어.

내일, 나는 누군가의 여자친구 시즌2

女 でも、やっぱ私って、まだ全然イケるんじゃん。

여 근데 역시 나 아직 (이성한테) 잘 먹히잖아.

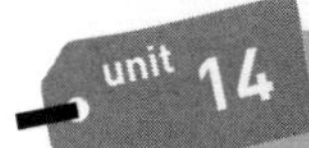

イケてる

멋있다, 매력적이다, 세련되다

イケてる는 '멋있고 매력 있다'는 뜻으로 사람뿐만 아니라 사물에도 사용한다. 그래서 잘생긴 젊은 남자는 イケメン, 멋지고 매력 있는 아저씨는 イケオジ라고 하기도 한다. 덧붙여 '미남'을 칭할 때는 二枚目(にまいめ)란 표현도 쓴다.

딸바보 청춘백서

女 へえ～、サインはカッコイイんだ。
男 「サインは」って何だ？言うなら「サインも」だろう？「サインも」
女 えっ、もしかして自分のことイケてると思ってる？
男 う～ん。まあ、ブサイクではないだろう。

여 와~, 사인은 멋있네요.
남 "사인은"이라니? 말할 거면 "사인도"라고 해야지? "사인도."
여 뭐, 혹시 자신이 멋있다고 생각해요?
남 음~. 뭐, 못생기진 않았잖아.

딸바보 청춘백서

男 寛子(ひろこ)、きれいだし、ダンスうまいから、YouTube上げれば、絶対火がつくと思って…。
女 えっ？私って、そんなイケてる？
男 イケてる。すげえイケてる！

남 히로코는 예쁘고 춤도 잘 추니까 유튜브에 올리면 분명히 화제가 될 것 같았거든….
여 뭐, 내가 그 정도로 괜찮나?
남 괜찮지. 완전 매력 있어!

그랑 메종 도쿄

女 うん。うわっ、これめっちゃくちゃおいしい。でも、正直、見た目がイケてないんですよね。もう見た瞬間に、キャー！ってなって、写真撮りたくなるほどじゃないでしょ。

여 음. 우와, 이거 엄청 맛있다. 근데 솔직히 모양이 세련되진 않았네요. 딱 본 순간에 캬! 하면서 사진 찍고 싶어질 정도는 아니잖아요.

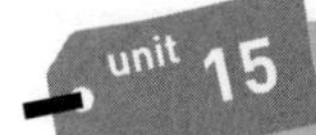

そっとしておく

가만히 놔두다, 내버려 두다

そっと는 '가만히', '조용히', '살짝'이란 뜻으로, そっとしておく라고 하면 '건드리거나 관여하지 않고 가만히 놔두다'란 의미가 된다. そっとしておいて, そっとしておこう, そっとしといてあげて, そっとしといてやれ 등으로 말한다.

결혼한다는데 정말입니까

男　何してんだよ。起きろって。ナオ！
女　そっとしておきましょう。疲れてるんです。

남　뭐 하고 있어? 일어나, 나오!
여　내버려 두죠. 피곤해서 그래요.

혼인 신고서에 도장을 찍었을 뿐인데

男　無理に聞くのはよくないんじゃないか？友達でも夫婦でも、話したいと思ったら向こうから話してくるもんだから。それまではそっとしておくのが一番なんだよ。

남　억지로 물어보는 건 안 좋지 않을까? 친구든 부부든 말하고 싶으면 그쪽에서 먼저 말할 테니까. 그때까지 가만히 두는 게 제일이야.

미래를 향한 10 카운트

男の子　ねえ、ママ、どうしたの？
女　今日はそっとしておいてあげようか。

남아　저기, 엄마한테 무슨 일 있어?
여　오늘은 가만 내버려 둘까?

아직 결혼 못하는 남자

女1　伯父(おじ)さんがデート？
女2　誰？
女1　あっ、伯父さんがよく行くカフェのママさん。
女2　そんな人いたの？
女1　ちょっと、ちょちょ…。そっとしとこうよ。少ないチャンス、邪魔しちゃかわいそうだし。

여1　삼촌이 데이트?
여2　누구야?
여1　삼촌이 자주 가는 카페 사장님이야.
여2　그런 사람이 있었어?
여1　저기, 잠깐. 가만 놔두자. 흔치 않은 기회인데 방해하면 불쌍하잖아.

じっとする

가만히 있다, 한곳에 있다

じっと는 '가만히'란 뜻으로, じっとする라고 하면 움직이지 않고 가만히 있다는 의미도 되고, 멀리 가지 않고 한곳에 머무르다는 의미도 된다. 상대방에게 메이크업을 해 줄 때나 얼굴에 묻은 걸 떼어줄 때 등 움직이지 말고 가만히 있으라고 할 때 じっとしてて라고 한다.

오늘 밤은 코노지에서

女 アンタが連絡してくるから、もうじっとしてらんなくって、来ちゃったじゃない。

여 너한테서 연락 오니까 가만히 있을 수가 없어서 와 버렸잖아.

빠졌어, 너에게

男 つぅか、モデルやんの？無理だろ、そんなもん。５秒もじっとしてらんねぇわ。

남 그보다 (그림) 모델 하는 거야? 힘들잖아, 그런 거. 5초도 가만히 있을 수 없어.

전력으로, 사랑해도 될까?

女 あっ、イタッ…。
男 どうかした？
女 あ… 髪が引っかかってしまって…。
男 じっとしてて。はい、とれたよ。

여 아, 아야….
남 왜 그래?
여 아… 머리카락이 (목걸이에) 걸려 버려서요….
남 가만히 있어. 자, 빠졌다.

꽃미남이여 밥을 먹어라

男 先輩、なにじっと見てるんすか？肉、冷めますよ。

남 선배, 뭘 가만히 보고 있어요? 고기 식어요.

びくともしない

꿈쩍도 하지 않는다

멘탈이 강해서 어지간해선 꿈쩍도 하지 않거나, 워낙 강해서 웬만한 공격으로 꿈쩍도 하지 않거나, 너무 무겁거나 너무 꽉 끼이거나 해서 아무리 힘을 줘도 꿈쩍도 하지 않을 때는 모두 びくともしない라고 한다.

반경 5미터

女1 前田(まえだ)さん、たくましくなったね。
女2 うん。ちょっとやそっとじゃ、びくともしないってなった。
女1 そりゃあね、台風みたいな人とコンビ組んでればね。

여1 마에다 씨, 씩씩해졌네.
여2 응. 어지간한 일로는 꿈쩍도 안 하게 됐어.
여1 그야 뭐, 태풍 같은 사람과 콤비를 짰으니까.

저, 운명의 사람입니다

男 敵の大きさを小さく見積もり過ぎてるんじゃないの？定岡(さだおか)君が魔王だったら、彼女は大魔王だよ。並の攻撃じゃびくともしない鉄壁(てっぺき)のよろい、身に着けてんの。

남 적을 과소평가하는 거 아니야? 사다오카가 마왕이라면 그녀는 대마왕이야. 평범한 공격으로는 꿈쩍도 안 하는 철벽 갑옷을 몸에 두르고 있다고.

아프로 다나카

男1 田中(たなか)、お前の頭、風呂上がりなのに、びくともしねぇのな。
男2 天パなんすけどね。

남1 다나카, 네 머리는 목욕 후에도 꿈쩍도 안 하네.
남2 원래 곱슬머리예요.

장난스런 키스 ~ Love in TOKYO

男 お守りがドアに挟まってる。引きちぎれよ。おい、びくともしてないぞ。

남 부적이 문에 끼었네. 잡아당겨 봐. 야, 꿈쩍도 안 하잖아.

unit 18

ダラダラ

빈둥빈둥, 장황하게, 늘어지게, 질질, 줄줄

ダラダラ는 빈둥빈둥 게을리 시간을 보내는 모양, 일을 장황하고 늘어지게 질질 끄는 모양, 액체가 줄줄 흐르는 모양을 나타내는 의태어이다. ダラダラする라고 하면 '빈둥빈둥 지내다', '늘어져 있다'란 의미가 된다.

나의 누나

女 私は今夜から、海外ドラマ見ながらダラダラするつもり。考えただけで癒やされる～。

여 나는 오늘 밤부터 해외 드라마 보면서 빈둥빈둥할 거야. 생각만 해도 힐링된다~.

에이지 해러스먼트

男 でも、意味のない会議をダラダラやられるより、資料を読んだり、業務連絡してる方がいいですから。

남 하지만 의미도 없는 회의를 장황하게 하는 것보다 자료를 읽고 업무 연락을 하는 게 나으니까요.

파견 점술사 아타루

女 残業は良くないって事をもっと徹底してほしいですね。ダラダラ仕事をするから、逆に効率が悪いし。

여 잔업은 좋지 않다는 걸 더 철저히 지켜주면 좋겠어요. 늘어지게 일하니까 오히려 효율도 안 좋고.

새벽의 젊은이들

男1 オールとかいつぶりだろ。よくやったよな。

男2 やったな。いやあ、明け方までダラダラダラダラしゃべってさ。

남1 밤샘이 얼마 만이야. 자주 했었잖아.

남2 그랬지. 새벽까지 늘어지게 수다 떨고.

오늘은 회사 쉬겠습니다

女 返事を渋(しぶ)るような相手は、しょせん、結婚する気なんてないんだから、ダラダラ付き合っても無駄。

여 답을 주저하는 상대는 어차피 결혼할 마음 따위 없으니까 질질 끌며 사귀어도 소용없어요.

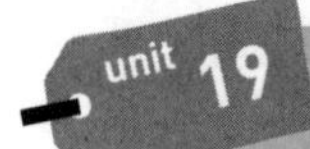

ボーッとしてる

멍하니 있다, 넋 놓고 있다

넋 놓고 멍하니 있는 상태를 ボーッと라고 하고, ボーッとしてる라고 하면 '멍하니 있다', '넋 놓고 있다'란 뜻이다. ぼーっと라고도 쓰고, 사전에서 찾아볼 때는 ぼうっと로 검색한다.

 **프로미스 신데렐라**

男 何ボーッとしてんだよ。早くしろ。

남 뭘 멍하니 있어? 빨리 움직여.

 **와다가의 남자들**

女 どうしてます？
男 あっ… えっと… 一人でボーッとしてます。
女 私も会社でボーッとしてた。

여 어떻게 지내고 있어요?
남 아… 음… 혼자 멍하니 있어요.
여 저도 회사에서 멍하게 있었어요.

 **꾸미는 사랑에는 이유가 있어**

男 何してんの？
女 よく見るんです、ウミガメ。力が出ない時、ボーッと眺めてると、癒やされるっていうか。

남 뭐 하고 있어?
여 자주 봐요, 바다거북. 힘이 나지 않을 때 멍하니 보고 있으면 힐링이 된다고 해야 할지.

 **이 사랑 데워드릴까요**

男 どうしたの？今日(きょう)。ボーッとしちゃって。

남 오늘 뭔 일 있어? 넋이 나가 있네.

 **호리미야**

女 宮村(みやむら)?
男 ごめん。ぼーっとしてた。
女 大丈夫ー？ぼーっとする程、何考えてるのよ。

여 미야무라?
남 미안. 멍하니 있었어.
여 괜찮아? 멍하니 뭘 그리 생각하는 거야?

ぼんやり

멍청히, 멍하니, 희미하게, 어렴풋이

ぼんやり는 분명하지 않아 희미하고, 영리하지 않고 멍청한 상태를 의미해서 ぼんやりしてる라고 하면 '멍청히 있다', '멍하니 있다'란 뜻이다. 문맥에 따라 '희미하게', '어렴풋이' 등의 의미로도 쓴다.

리버설 오케스트라

男1 ねぇねぇ、初音(はつね)とはどうなったの？
男2 今はそういうモードじゃないんで。
男1 えっ！ぼんやりしてたら、誰かに持っていかれちゃうよ。

남1 저기, 하츠네랑은 어떻게 됐어?
남2 지금 그럴 상황이 아니야.
남1 뭐! 멍청히 있으면 다른 사람이 채갈 거야.

사라진 첫사랑

男 珍しいな。お前が練習中にぼんやりするなんて。

남 별일이 다 있네. 네가 연습 중에 멍해 있다니.

사랑입니다! ~양키 군과 흰지팡이 걸~

女 私は目が見えづらい弱視(じゃくし)だ。私の場合、どのくらい見えてるのかというと… 光は感じて、色もぼんやり分かる。

여 나는 눈이 잘 안 보이는 약시다. 내 경우 어느 정도 보이냐 하면… 빛을 느끼고 색도 어렴풋이 알아본다.

사랑 따위 진심으로 해서 어쩌려고?

女1 あんた、今日お誕生日やろ。
女2 あぁ、そうだっけ。
女1 自分のお誕生日なのに忘れとったん？もう、ぼんやりやね～。

여1 너 오늘 생일이잖아.
여2 아, 그랬던가.
여1 자기 생일인데 까먹은 거야? 맹하긴~.

• Pop Quiz ❷ •

 자연스러운 문장이 되도록 어울리는 표현을 골라서 적절한 형태로 만들어 넣으시오.

> ぼんやり, ボーッと, ダラダラ, ありがち, イケてる, そっと, ありきたり, じっとする, びくともしない, イケる

1. 何かいいアイデアない？ ________________ のことしか思いつかなくて。

2. うちの企画が他社と被ったのは ________________ だったからかもしれないな～。

3. 私の下着狙われるなんて、私もまだまだ ________________ のかしら。

4. 俺、どうしてフラれるんだと思う？結構 ________________ と思うんだけど。

5. 彼は今大事な時期だから ________________ おいてもらえるかな？

6. 私は楽しみなことあると、ワクワクして ________________ られないんだ。

7. このビルは安全です。震度７の地震が来ても ________________ しません。

8. 休日は昼過ぎまで寝て、 ________________ して、夕方にやっと家を出た。

9. 何 ________________ してるの？ちゃんと聞いてた？

10. ________________ してて、階段踏み外した。

CHAPTER 03

Chapter 2 정답	1. ありきたり 2. ありがち 3. イケる 4. イケてる 5. そっとして 6. じっとして 7. びくとも 8. ダラダラ 9. ボーッと 10. ぼんやり

ゾッとする 오싹하다, 소름 돋다
鳥肌が立つ 닭살 돋다, 소름 돋다

ぞっと는 무섭거나 추워서 소름 돋는 모양으로, ぞっとする라고 하면 '오싹하다', '소름 돋다', '섬뜩하다' 등의 의미가 된다. 가타카나로 ゾッとする라고 쓰는 경우가 많다. 비슷한 표현인 鳥肌(とりはだ)が立(た)つ도 '닭살 돋다', '소름 돋다'란 뜻이다.

건강하고 문화적인 최저한도의 생활

男 ねえ、俺を育てるうえでさ、一番大変だったことって何？

女 あのね、子育ての大変さに１番も２番もないの。全てが大変なの。今でもあのころの大変さ思い出すと、ぞっとするわ。

남 저기, 나 키울 때 가장 힘들었던 게 뭐야?

여 이봐요, 육아의 힘든 점에는 첫째도 둘째도 없어. 전부 힘들어. 지금도 그때 힘들었던 거 생각하면 오싹해.

일본인이 모르는 일본어

男 暑いので、みんなで怖い話をすれば、ぞっとして、涼しくなるかと思いまして。

남 더워서 다 같이 무서운 얘기하면 오싹해서 시원해질까 싶어서요.

부서져 흩어지는 모습을 보여줄게

男 朝のあれ「死ね」って書いてあったメモとか、何かすっげえゾッとしたけど。

남 아침에 그거, "죽어"라고 쓴 쪽지라든지, 뭔가 엄청 섬뜩했어.

이 첫사랑은 픽션입니다

女 ねえ、最後の伏線(ふくせん)、すごくなかった？

男 あれは鳥肌立った！

여 저기, 마지막 복선이 굉장하지 않았어?

남 그거, 소름 돋았어!

다음 생에는 제대로 하겠습니다

女 ３次元の男に異性として意識されてるかも。そう感じるだけで鳥肌が立ってしまう！

여 현실의 남자가 날 이성으로 보는 거 아니야? 그런 생각만 해도 소름 돋는다!

unit 22

パーッと

신나게, 화끈하게, 시원하게, 확

パーッと(ぱあっと)는 ぱっと를 더 힘줘서 말한 단어로, 기분을 발산하는 모양이나 순간적으로 동작이 일어나는 모양을 나타낸다. 기분 내서 신나게 놀거나 마시자고 북돋을 때 많이 쓴다.

네가 마음에 자리 잡았다

女 八木(やぎ)さん、今日はもうパーッと祝杯(しゅくはい)あげましょう。

여 야기 씨, 오늘은 신나게 축하주 마셔요.

혼인 신고서에 도장을 찍었을 뿐인데

男 じゃあ、今日はみんなで仕事早めに終わらせて、パーッと飲みませんか？

남 그럼 오늘은 모두 일 빨리 마치고 화끈하게 마시지 않을래요?

격신도

男 だったら尚更(なおさら)気分転換に、パーッと美味しいもの食べに行きましょう。

남 그렇다면 더욱더 기분 전환하러 신나게 맛있는 거 먹으러 가요.

프로미스 신데렐라

男 そうだ。ひと夏の思い出づくりに、今度みんなでどっかパーッと遊びに行っちゃう？

남 그래. 올여름의 추억 만들러 이번에 다 같이 어디 신나게 놀러 갈까?

우리는 사랑이 서툴러

女 どっか飲み行く？それとも、歌でも歌って、パーッと発散しちゃおうか？

여 어디 마시러 갈까? 아니면 노래라도 부르고 확 스트레스 해소할까?

나기의 휴식

男 やっぱり慎二(しんじ)君がいると、空気がパーッと明るくなるな。

남 역시 신지가 있으면 분위기가 확 밝아지네.

unit 23

とことん

끝까지, 철저하게, 어디까지나

とことん은 우리말로 '끝까지', '철저하게'란 뜻이다. 술자리에서 "끝까지 달리자."라고 할 때는 とことん飲(の)もう라고 하고, 어떤 일을 철저하게 끝까지 완수한다고 할 때도 とことん을 쓴다. とことん律儀(りちぎ)な人(끝까지 의리 있는 사람), とことん失礼(しつれい)なヤツ(끝까지 예의 없는 녀석)처럼 '처음부터 끝까지 속속들이 ~한 사람'이라고 할 때도 쓴다.

오늘 밤은 코노지에서

男 よ～し、今日はとことん飲むぞ。

남 좋아. 오늘은 끝까지 마시자.

꾸미는 사랑에는 이유가 있어

女 はあっ、まだまだ飲むよ。はしご酒(ざけ)。

男 今日はとことん付き合いますよ。

여 하, 아직 더 마실 거야. 술집 순례.

남 오늘은 끝까지 같이 할게요.

저, 운명의 사람입니다

男1 うちの娘、どうですか？

男2 はい!?

男1 冗談だよ。冗談。君はとことん真面目な男だね。

남1 우리 딸 어때요?

남2 네!?

남1 농담이야. 농담. 자네는 끝까지 진지한 남자로군.

데이지 럭

男 俺は… いつかは独り立ちはしたいって思ってる。自分の店持って、そこでとことん自分の味を追求するっていうか。自分の好きなパンを焼きまくるっていうか。

남 난… 언젠가는 독립하려고 생각하고 있어. 내 가게를 갖고 거기서 철저하게 나만의 맛을 추구한다거나, 내가 좋아하는 빵을 실컷 굽거나 말이지.

一択

무조건 ~, 오로지 ~, ~밖에 없다, 원픽

一択(いったく)는 '선택지가 하나밖에 없다', '망설임 없이 무엇을 선택한다'란 뜻이다. "회식은 무조건 고깃집이지.", "20대 첫 차로는 이거만 한 게 없다."처럼 '무조건 ~', '오로지 ~', '~밖에 없다', '원픽' 등의 의미로 쓴다.

사랑입니다! ~양키 군과 흰지팡이 걸~

女 ラーメンといえば、とんこつ一択でしょ。
男 そうっすよね！
女 臭いとか言う人、信じらんない。

여 라멘이라고 하면 돈코츠가 원픽이지.
남 그렇죠!
여 냄새가 고약하다고 하는 사람은 이해할 수 없어.

남자 가정부를 원해?

女1 実は… 田所(たどころ)さんから正式に告白されて。
女2 えっ、告白！？田所さんが！？でででで、メイは何て返事したの？
女1 それはまだ。肥後(ひご)先生のこともあるし。
女2 はあ～！？まだ振ってなかったの！？そこは田所さん一択でしょ！

여1 실은 타도코로 씨한테서 정식으로 고백받아서.
여2 뭐, 고백!? 타도코로 씨가!? 그래서 메이는 뭐라고 답했어?
여1 그건 아직. 히고 선생님 일도 있고 해서.
여2 뭐라고!? 아직도 안 찼어? 그야 무조건 타도코로 씨를 선택해야지!

넘버 MG5

女1 ねえ、うちらって、将来どうなってんだろうね。
女2 あたしは、おじさんの床屋(とこや)さん、手伝いながら、エステティシャンになってんじゃね？
女3 あたしは、リュウジと結婚して、ギャルママ一択だわ。

여1 있잖아, 우리는 미래에 어떻게 되어 있을까?
여2 난 삼촌 이발소를 도우면서 피부관리사가 되어 있지 않을까?
여3 난 류지랑 결혼해서 날라리 엄마가 되는 것밖에 없네.

unit 25

イチ押し

강추, 가장 추천하는 것

'밀다'란 뜻의 押(お)す를 활용해 イチ押(お)し라고 하면 '첫 번째로 미는 것'이란 뜻으로, '가장 추천하는 것', '강추'란 말이 된다. 가타카나로만 イチオシ라고 쓰기도 한다. 덧붙여, 一押(ひとお)し나 ひと押(お)し는 '한번 더 밀어붙임', '한번 더 노력함', '조금만 더 분발'이란 뜻이 된다.

굿모닝 콜

男 悪い。ここ、俺のイチ押しなんだけど、お前の口には…。

女 あっ、おいしいよ。おいしい。

남 미안. 여기 내가 강추하는 곳인데, 네 입에는….

여 아, 맛있어. 맛있어.

도쿄 타라레바 아가씨

男 たまには、アメリカの映画でも見よっか。

女 あっ、うん。見たい！

男 じゃ『ダークナイト』は？俺のイチ押し！

남 가끔은 미국 영화라도 볼까?

여 아, 응. 보고 싶어!

남 그럼 '다크나이트'는 어때? 내가 가장 추천하는 영화야!

최애의 아이

女 私が嫌いなタイプと兄が付き合うのは嫌なわけ。なのでお兄ちゃんが付き合うべき女性を私が決めます。

男 勝手にも程がある。

女 私のイチ押しはゆきぽん！たぶん、この子は純粋でいい子だよ。

여 내가 싫어하는 타입이랑 오빠가 사귀는 건 싫다고. 그래서 오빠가 사귀어야 할 여자는 내가 정하겠습니다.

남 멋대로 하는 것도 정도가 있지.

여 내가 강추하는 건 유키뽕! 아마 얘는 순수하고 착한 애일 거야.

커피, 어떠신지요

男 今、うちのイチオシの珈琲焼酎(コーヒーしょうちゅう)はいかがかしら。フレンチローストの珈琲豆をお好みの焼酎に数日漬けるだけ。ほのかな苦みがお酒とマッチして、たまらないわよ。

남 지금 우리 가게에서 가장 추천하는 커피 소주는 어때? 프렌치 로스트 원두를 좋아하는 소주에 며칠 담가 두기만 하면 돼. 은은한 쓴맛이 술과 어우러져서 참을 수 없지.

張り切る

의욕이 넘치다, 열의가 넘치다

목표를 이루기 위한 열의가 활활 타올라 열심히 하는 태도를 張(は)り切(き)る라고 한다. 보통 '의욕이 넘치다', '열의가 넘치다' 등의 의미로 쓰이지만, 상황에 따라 '분발하다' '무리하다'란 뜻이 될 수도 있다.

이 사랑 데워드릴까요

女1 よし。じゃあ、作り直してきます！
男 何かあいつ、メッチャ**張り切ってる**じゃん。
女2 何か仕事に燃えてますって感じ？

여1 네, 그럼 다시 만들어 오겠습니다!
남 뭔가 재, 엄청 의욕이 넘치네.
여2 뭔가 일에 대한 열정이 불타오르는 느낌?

이 사랑 데워드릴까요

男 井上(いのうえ)さん、次こそ自分の作ったスイーツを並べるって**張り切ってた**よ。

남 이노우에 씨는 다음에야말로 자기가 만든 디저트를 진열시키겠다며 열의가 넘쳤어.

저, 운명의 사람입니다

男 かあさん、**張り切って**エビフライ揚げたんだぞ。タルタルソースまで手作りで。

남 엄마가 분발해서 새우튀김을 만들었어. 타르타르소스도 직접 만들고

과보호의 카호코

女 この前、部屋の片づけしたら、**張り切り過ぎて**腰を痛(いた)めちゃったのよ。

여 요전에 방 정리할 때 너무 무리해서 허리를 다쳤어.

unit 27

浮かれる

(마음이) 들뜨다

'뜨다'란 뜻을 가진 동사 浮(う)く에서 파생된 浮(う)かれる는 신나서 마음이 들뜨는 것을 의미한다. 비슷한 단어 浮(うわ)つく는 들떠서 침착하지 못하게 되는 것을 뜻하고, はしゃぐ는 신나서 떠드는 것을 의미한다.

행렬의 여신 ~라멘 서유기~

女1 皆さん！どうですか、これ。似合ってます？
男1 よ～く似合ってますよ。
男2 というか、テンション高いな。
女1 だって、初めてらあめん清流房(せいりゅうぼう)のお手伝いに入れるんですもん！もう昨日の夜から楽しみで、楽しみで。
女2 ランドセルしょった小学１年生か、アンタは。浮かれてヘマしないでよ。店の厨房(ちゅうぼう)ってのは戦場(せんじょう)なんだから。

여1 여러분! 어떤가요? 이거. 어울리나요?
남1 잘~ 어울립니다.
남2 그보다 텐션 완전 업됐네.
여1 당연하죠. 처음으로 라멘 세류보에서 일을 거들게 됐는걸요! 벌써 어젯밤부터 어찌나 기대되던지.
여2 네가 란도셀을 멘 초등학교 1학년이야? 들떠서 실수하지 마. 가게 주방은 전쟁터니까.

사랑은 계속될 거야 어디까지나

女 でも、私には佐倉(さくら)さんが天堂(てんどう)先生と一緒にいると、何となく浮ついて冷静さを失ってしまうように見えるんです。

여 하지만 저에게는 사쿠라 씨가 텐도 선생님과 같이 있으면, 어쩐지 들떠서 냉정함을 잃어버리는 것처럼 보입니다.

우리는 공부를 못해

女1 うっひゃ～！停電(ていでん)だって。テンション上がる！
女2 まったく、理解に苦しみますね。停電ぐらいで一体何をはしゃいでいるのですか。

여1 우와~! 정전이래. 텐션 올라간다!
여2 참 이해가 안 되네요. 정전 정도로 대체 뭔 호들갑이죠?

浮かない

어두운, 시무룩한

浮く에는 '마음이 들뜨다'란 의미가 있는데, 부정형 浮かない라고 쓰면 반대로 '어두운', '시무룩한'이란 뜻이 된다. 주로 '어두운 얼굴', '시무룩한 얼굴'이란 의미의 浮かない顔라는 표현이 많이 쓰인다.

꽃보다 남자 2 리턴즈

男 どうした？浮かない顔して。司君とうまくいってないのか？	남 무슨 일이야? 어두운 얼굴을 하고. 츠카사랑 잘 안 돼?
女 そんなわけないじゃん。	여 그럴 리가 없잖아.

사라진 첫사랑

女 なんか浮かない顔してるけど、悩み事？	여 뭔가 어두운 얼굴을 하고 있는데, 고민이라도 있어?

사랑할 수 없는 두 사람

男 何で浮かない顔してんの？	남 왜 시무룩한 얼굴을 하고 있어?

넘버 MG5

女 兄ちゃん、今日は浮かない顔して帰ってきたけど、大丈夫か？	여 오빠, 오늘은 어두운 얼굴로 돌아왔는데, 괜찮아?

전력으로 사랑해도 될까?

女 瀬尾さん、ずっと浮かない顔してますよね？	여 세오 씨, 줄곧 우울한 얼굴을 하고 계시네요?

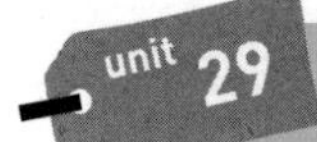

さえない

시원찮다, 별 볼 일 없다

さえる는 '선명하고 맑다'란 뜻의 동사인데, 부정형인 さえない는 '시원찮다'란 의미이다. さえない男(시시하고 별 볼 일 없는 남자), さえない生活(별 볼 일 없는 생활), さえない顔(시큰둥한/뚱한/시무룩한 얼굴), さえない格好(초라한/볼품없는/허름한 차림) 등 모두 '시원찮다'란 의미로 사용한다.

너는 나에게 빠지고 싶다

男 もっとダンディーな男を期待してたのに～。あんなさえない男のどこがいいわけ～？

女 ええ～。いい人だよ？真面目だし。

남 더 멋진 남자를 기대했었는데, 저런 시시한 남자가 어디가 좋은 거야?

여 음~. 좋은 사람이야. 착실하고.

도망치는 건 부끄럽지만 도움이 된다

女 その割り切りができてたら、私は離婚しなかったし、こんな店で店番するさえない今もなかった。

여 그렇게 딱 잘라 결론 낼 수 있다면 난 이혼하지 않았을 거고, 이런 가게에서 가게 보는 시원찮은 지금도 없었어.

과보호의 카호코

男 ハア… もうやめた！休憩。

女 えっ、なんで？

男 お前がさえない顔してるから、描く気になんないんだよ。

남 에이… 그만할래! 휴식.

여 왜?

남 네가 시큰둥한 얼굴을 하고 있으니까 그릴 마음이 안 생겨.

파라다이스 키스

男 大事なデートにそんなさえない服で行くのか？

남 중요한 데이트에 그런 볼품없는 옷 입고 가는 거야?

パッとしない

시원찮다, 돋보이지 않는다

ぱっと는 '눈에 확 띄는', '확'이란 뜻으로, パッとしない라고 하면 '시원찮다', '돋보이지 않는다'란 뜻이 된다. 우리말의 '시원찮다'처럼 외모/모양/맛 등이 별로일 때도 쓰고, 일이나 장사가 잘 안될 때도 쓴다.

처음 사랑을 한 날에 읽는 이야기

女 東大は落ちるわ。仕事はパッとしないわ。その上、結婚まで。ホントに子育て失敗したわ。

여 도쿄대 떨어지지, 일은 시원찮지, 거기다 결혼까지. 정말 애를 잘못 키웠어.

모두가 초능력자

男 確かに見た目はパッとしないが、彼はこの夜を境(さかい)に、ヒーローとなるのだ。

남 확실히 외모는 볼품없지만, 그는 이 밤을 기점으로 영웅이 된다.

딸바보 청춘백서

女 ねえ、ハタケ。私とつきあわない?

男 えっ?えっ?きゅ… 急になに?

女 いや、ほかにパッとした男いないし。とりま、ハタケでもいいかなと思ってさ。

여 저기, 하타케. 나랑 사귀지 않을래?

남 뭐? 뭐? 갑자기 뭔 소리야?

여 아니, 따로 돋보이는 남자도 없고, 일단 하타케라도 괜찮지 않을까 싶어서.

꾸미는 사랑에는 이유가 있어

女 ねえ、何かあんまりパッとしないみたいだけど。

男 いいの、うちの店はそんなはやらなくても。一人でやれればそれで。

여 저기, 뭔가 별로 잘 안되는 거 같은데.

남 됐어, 우리 가게는 그렇게 인기 없어도. 혼자서 할 수 있으면 그걸로 돼.

• Pop Quiz 3 •

 자연스러운 문장이 되도록 어울리는 표현을 골라서 적절한 형태로 만들어 넣으시오.

とことん, パッと, 浮かない, イチ押し, さえない, ゾッと, 一択, 張り切る, パーッと, 浮かれる

1. もっと怖い ______________ する話がある。

2. みんなで ______________ ビール飲みに行きましょう。

3. 今日は ______________ 飲み倒して、あんな女のことはキレイさっぱり忘れましょう！

4. A: サッポロ一番はやっぱみそだよな。

   B: うん、うちもずっと昔からみそ ______________ 。

5. これ、私 ______________ のコロッケなの。

6. A: ジム通うことにしたんだ。ウエアとか買って来ちゃった。

   B: 運動嫌いなのに、最近やけに ______________ ない？

7. ワールドカップ開催で韓国中が ______________ いた。

8. どうしたんですか？ ______________ 顔して。

9. 結婚すれば ______________ 今の生活ともさよならできると思った。

10. 見た目は ______________ しないけど、おいしいね。

CHAPTER 04

Chapter 3 정답	1. ゾッと 2. パーッと 3. とことん 4. 一択 5. イチ押し 6. 張り切って 7. 浮かれて 8. 浮かない 9. さえない 10. パッと

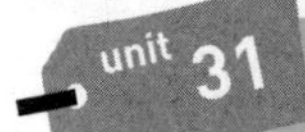

湿っぽい

우울하다, 침울하다, 울적하다

湿(しめ)る는 '눅눅해지다', '우울해지다'란 뜻으로, 湿(しめ)っぽい는 눅눅한 상태나 분위기가 침울한 것을 의미한다. 오랫동안 함께 지내온 동료나 친구와 헤어지게 되거나, 누가 울적한 얘기를 꺼내서 분위기가 침울해졌을 때 사용한다.

 좋아하는 사람이 있다는 것

女1 よかったら、お二人で食べてください。
女2 寂しくなるな。
男 もう～！湿っぽいの、やめようよ。ほらっ、笑って、笑って！

여1 괜찮으시면 둘이서 드세요.
여2 아쉽네.
남 좀~! 울적한 분위기 만들지 말자고요. 자, 웃어요. 웃어!

 빵과 스프, 고양이와 함께하기 좋은 날

男 湿っぽいこと言うなよ、スダさん。もう、ホントセンチメンタリストなんだから。

남 우울한 소리 좀 하지 마요, 스다 씨. 하여간 진짜 센티멘털하다니까.

 프로미스 신데렐라

女 何か… すみません。湿っぽい空気にしてしまって。

여 왠지… 죄송합니다. 침울한 분위기로 만들어버려서.

 퍼스트 러브 하츠코이

女1 あなたはずっとママの特別な子。パパはひどい男だったけど、也英(やえ)ちゃんを私にくれた。それでお釣りが来るくらいよ。
女2 湿っぽくなる前に行くね。

여1 넌 쭉 엄마의 특별한 아이야. 아빠는 형편없는 남자였지만 야에를 나에게 줬어. 그걸로 충분할 정도야.
여2 울적해지기 전에 갈게.

辛気くさい

우중충하다, 찌무룩하다, 언짢다

辛気(しんき)くさい는 일이 뜻대로 되지 않아 언짢거나 침울한 상태를 의미한다. 우리말에서는 상황에 따라 '우중충하다', '찌무룩하다', '찌뿌둥하다', '언짢다', '못마땅하다' 등 여러 의미가 될 수 있다. 辛気臭い라고 표기하기도 한다.

사랑은 비가 갠 뒤처럼

男1 家族ほっぽって作家目指して… このざまだ。何もかも中途半端だ、俺は。
男2 辛気くさいこと言うな。昔だったらぶん殴ってたぞ。

남1 가족 팽개치고 작가 꿈꾸다가… 이 꼴이야. 뭐든 어중간해, 나는.
남2 갑갑한 소리 하지 마. 옛날 같았으면 한 방 날렸을 거야.

우리 집엔 아무것도 없어

女 う～ん、早くうちへ帰りたいよ。病院は老人ばかりで辛気くさくて嫌いだね。

여 음, 빨리 집에 돌아가고 싶다. 병원은 노인밖에 없어서 우중충해서 싫어.

사랑할 수 없는 두 사람

女 ちょっと勘弁してよ。そんな辛気臭い顔で見舞いとかさ。私をねぎらう気ゼロなわけ？

여 좀 봐주라. 그렇게 찌뿌둥한 얼굴로 병문안하는 거. 날 위로할 마음 제로라는 거야?

도쿄 타라레바 아가씨

女1 もう、辛気くさい話はそこまで！
女2 そうそう。お酒がまずくなるわよ！

여1 분위기 처지는 얘기는 거기까지!
여2 맞아요. 술맛 떨어져요!

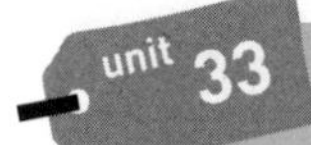

縁起でもない

재수 없다, 불길하다

縁起(えんぎ)는 '운수', '재수'라는 뜻으로, 운수가 좋다고 할 때는 縁起がいい, 縁起のいい, 재수가 나쁘다고 할 때는 縁起が悪(わる)い, 縁起悪い, 縁起の悪い라고 한다. 縁起(えんぎ)でもない는 '재수 없다', '불길하다'란 뜻으로, 縁起でもないこと言うな 또는 縁起でもないこと言わないで는 "재수 없는 소리 하지 마.", "불길한 소리 하지 마."라는 의미이다.

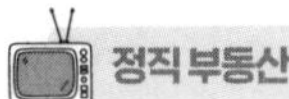

악녀~일하는 게 멋없다고 누가 말했어~

女 この席は去年、定年退職された友永(ともなが)さんの席です。
男 定年退職？
女 オウミに43年も勤め上げたレジェンドです！縁起のいい席ですよ。

여 이 자리는 작년에 정년퇴직한 토모나가 씨의 자리예요.
남 정년퇴직?
여 오우미에서 43년이나 근무하신 전설이죠! 운수가 좋은 자리예요.

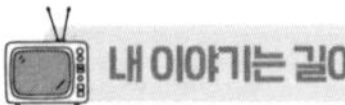

정직 부동산

女 離婚した夫婦が住んでたなんて、縁起が悪すぎます。新婚なんですよ、私たち。ここは絶対に買いません。

여 이혼한 부부가 살았다니 재수가 너무 없어요. 신혼이라고요 우리. 이곳은 절대 안 삽니다.

내 이야기는 길어

男 何してんだよ。
女 綾子(あやこ)たちに写真撮っといてって頼まれたの！今日で見納(みおさ)めになるかもしれないでしょ。
男 縁起でもないこと言うなよ。

남 뭐 하는 거야?
여 아야코네가 사진 찍어 놓으라고 부탁했단 말이야! 오늘이 마지막으로 보는 걸지도 모르잖아.
남 재수 없는 소리 하지 마.

礼儀正しい 예의 바르다
規則正しい 규칙적이다

일본어 중에는 알고 보면 쉬운데, 배우기 전엔 막상 뭐라고 해야 할지 아리송한 표현들이 많다. '예의 바르다'란 말은 일본어에서도 '예의'란 뜻의 礼儀(れいぎ)에 '바르다'란 뜻의 正(ただ)しい를 붙여서 礼儀正しい라고 한다. 비슷한 예로 '규칙적이다'란 말 역시 '규칙'이란 뜻의 規(き)則(そく)에 正しい를 붙여 規則正しい라고 쓴다.

행렬의 여신 ~라면 서유기~

女1 この畑中(はたなか)って子は雇わない。

女2 どうしてですか？遅刻もしないし、礼儀正しいし、タダでもいいからバイトしたいとまで言ってくれてるんですよ。

여1 이 하타나카란 애는 채용하지 않을 거야.

여2 어째서죠? 지각도 하지 않고, 예의도 바르고, 무급이라도 좋으니 아르바이트하고 싶다고까지 말하잖아요.

꽃미남이여 밥을 먹어라

女 1人で来てるのに、きちんと手を合わせて、いただきますを言うなんて、なんて礼儀正しいの。

여 혼자 왔는데 가지런히 손을 모아 "잘 먹겠습니다"라고 말하다니, 이 얼마나 예의 바른가!

내 이야기는 길어

女 今、起きたの？

男 はぁ～、最近よく眠れるんだよね。

女 もう少し規則正しい生活したら？

여 지금 일어난 거야?

남 하~, 요즘 잠을 잘 잔단 말이지.

여 좀 더 규칙적인 생활을 하는 게 어때?

망각의 사치코

女 ダイエットの基本は3つ。バランスの取れた食生活、規則正しい睡眠(すいみん)、そして運動です。

여 다이어트의 기본은 3가지. 균형 잡힌 식생활, 규칙적인 수면, 그리고 운동입니다.

unit 35

ディスる 디스하다, 까다, 깎아내리다, 업신여기다
ヒスる 히스테리 부리다

영어 disrespect(ディスリスペクト)의 앞 글자에 동사형 어미 る를 붙인 ディスる는 '디스하다', '까다', '깎아내리다', '업신여기다' 등의 의미로 사용한다. 비슷한 예로, 히스테리의 앞 글자에 동사형 어미 る를 붙인 ヒスる는 '히스테리 부리다'란 뜻이다.

수수하지만 굉장해! 교열걸 코노 에츠코

女1 東大を出たのに景凡社(けいぼんしゃ)なんかに入ったのも、四条(しじょう)先生の担当になれるかも、というかすかな希望を抱いたからですし。

女2 今、景凡社ディスったね。

여1 도쿄대를 나오고서 경범사 같은 곳에 들어온 것도 시조 선생님의 담당이 될 수 있을지도 모른다는 작은 희망을 품고 있어서였고.

여2 지금 경범사 깐 거지?

갑작스럽지만, 내일 결혼합니다

男 ここは広過ぎるんだよね。莉央(りお)ちゃんちは狭くていい。

女 何かディスってる？

남 여긴 너무 넓어. 리오 씨 집은 좁아서 좋아.

여 뭔가 디스하는 거야?

닥터 화이트

女 西島(にしじま)先生はかわいいですか？

女の子 かわいいわけないでしょ。

男 私はディスられてるのかな？

여 니시지마 선생님은 귀여운가요?

여아 귀여울 리 없잖아요.

남 나 무시당하고 있는 거야?

아내, 초등학생이 되다

男 うちの母ちゃんはいつも誰かに怒ってた。自分を幸せにしてくれない周りの人間に対して。過剰に相手に期待して、それで裏切られたってヒスって。

남 우리 엄마는 항상 누군가에게 화가 나 있었어. 자기를 행복하게 해주지 않는 주위 사람들에게 말이지. 상대에게 과하게 기대하고는 배신당했다고 히스테리 부리고.

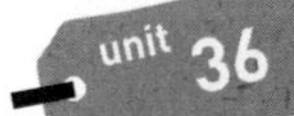

ギクシャクする 삐걱거리다
トラブる 문제가 생기다, 말썽이 생기다, 다투다

관계가 원만하지 않고 삐걱거리거나, 어색하고 거북한 관계를 표현할 때 ギクシャク라고 한다. 문제, 말썽이란 뜻의 영어 trouble(トラブル)에 동사형 어미 る를 붙인 トラブる는 '문제가 생기다', '말썽이 생기다', '다투다'란 뜻이다.

女 お父さんとお母さんが裁判で敵同士になって、そこからどんどん家がギクシャクして。結局、離婚して。

여 아버지와 어머니가 재판에서 원수지간이 돼서, 그때부터 점점 가정이 삐걱거리고, 결국 이혼하고.

女 上野さんは誰よりも愛にあふれた優しい人だけど、自分の気持ちをちゃんと伝えるのが下手すぎます。今、田端(たばた)さんとギクシャクしてるのも全部それが原因です。

여 우에노 씨는 누구보다도 사랑이 넘치는 다정한 사람인데, 자기 마음을 전하는 게 너무 서툴러요. 지금 타바타 씨와 삐걱대는 것도 전부 그게 원인이에요.

사랑 따위 진심으로 해서 어쩌려고?

男 もしもし、キョウちゃん？ごめん。ほんとごめん。まだ会社なんだ。仕事でトラブっちゃって。

남 여보세요. 쿄? 미안. 정말 미안. 아직 회사야. 회사에서 문제가 좀 생겨서.

아직 결혼 못하는 남자

女1 何ですか？この空気。

女2 昨日、まどかさんと桑野(くわの)さん、ちょっとトラブったのよ。

여1 뭐예요? 이 분위기.

여2 어제 마도카 씨랑 쿠와노 씨가 좀 다퉜거든.

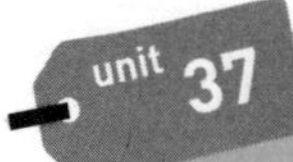

バグる 상태가 이상해지다
調子狂う 일이나 사람의 상태가 이상해지다

'오류'란 뜻의 영어 bug에 る를 붙여 동사화한 バグる는 상태가 안 좋아지는 것을 의미한다. 비슷한 표현으로, 일이나 사람이 비정상스럽게 이상해지는 것을 '미치다'란 뜻의 동사 狂う(くる)를 활용해서 調子狂う(ちょうしくる)라고 한다.

다음 생에는 제대로 하겠습니다

女 ここ数年で貞操観念(ていそうかんねん)がバグったせいか、私は人から裸を見られることに全く抵抗がなくなってる。むしろ、スタイルがいいことを認知されると安心する。

여 요 몇 년 정조 관념이 이상해져서 그런지, 남이 내 알몸을 보는 것에 전혀 저항이 없어졌어. 오히려 몸매가 좋은 걸 알아주면 안심한다.

발신인은, 누구입니까?

男1 お前、声でけえよ。
男2 ハハハハッ。もう、でかい音、流しすぎて、耳、バグっちゃった。

남1 너, 목소리 너무 커.
남2 하하하. 큰 소리를 너무 틀었더니 귀가 이제 맛이 갔어.

자만 형사

女1 彼、去年まで本庁勤務だったのよ。
女2 ウッソ。超エリートじゃん。
女1 強行犯捜査係(きょうこうはんそうさがかり)のエースで、警視総監賞(けいしそうかんしょう)もらってるんだって。
女2 ウソウソ。なんで今それが所轄(しょかつ)に？
女1 女よ。女にフラれて、それ以来調子狂っちゃったのよ。

여1 저 사람, 작년까지 본부에서 근무했어.
여2 정말? 완전 엘리트잖아.
여1 강력계 에이스에다가 경찰총장상도 받았대.
여2 말도 안 돼. 왜 그런 사람이 지금 관할서에?
여1 여자 때문에. 여자한테 차이고 나서 상태가 이상해졌어.

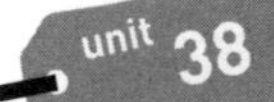

そこそこ 그럭저럭, 적당히
まあまあ 그럭저럭, 자자

そこそこ는 충분하지는 않지만 어느 정도의 수준은 도달했다는 의미로, そこそこかわいい(그럭저럭 귀엽다), そこそこ売れてる(그럭저럭 인기 있다), そこそこイケメン(그럭저럭 미남), そこそこ有名(그럭저럭 유명)처럼 '그럭저럭', '적당히', '안팎', '남짓' 등의 의미로 사용한다. まあまあ도 '그럭저럭'이란 의미로 쓰기도 하고, 상대방을 달랠 때도 쓴다.

고양이

女 私ね、今までの人生の中で、苦手ってどういうことかわからなかったの。運動神経もそこそこあったし、勉強もそこそこできたし…。でも料理は違った。

여 난 말이야, 지금까지 인생에서 서툴다는 게 어떤 건지 몰랐어. 운동신경도 그럭저럭 있었고, 공부도 그럭저럭 잘했고. 근데 요리는 달랐어.

사랑입니다! ~양키 군과 흰지팡이 걸~

男 僕、自分で言うのも何なんだけど、結構、優良(ゆうりょう)物件だと思うんだよね。顔もそこそこいいみたいだし、成績もまあまあ、性格もいいし。

남 내 입으로 말하긴 좀 그렇지만, 나 꽤 우량 매물이라고 생각해. 얼굴도 그럭저럭 괜찮은 것 같고, 성적도 그럭저럭에 성격도 좋고.

넘버 MG5

女 直樹(なおき)はどう？ おいしい？
男 まあまあかな。
女 「まあまあ」って何よ。

여 나오키는 어때? 맛있어?
남 그럭저럭.
여 '그럭저럭'이라니, 뭐야 그게.

카나카나

男 証拠もないのに勝手なことを。名誉毀損(めいよきそん)で訴えるぞ！
女 まあまあ。沢田(さわだ)さん、落ち着いて下さい。

남 증거도 없으면서 함부로 말하다니. 명예훼손으로 고소하겠어!
여 자자, 사와다 씨, 진정하세요.

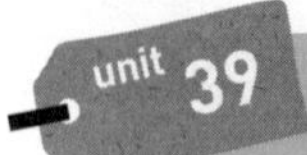

unit 39 ぼちぼち

그럭저럭, 그런대로, 슬슬

"일 많이 바빠?", "벌이는 괜찮아?", "친구랑 사이좋게 지내?" 이렇게 근황을 묻는 질문에 '그럭저럭'이라고 짧게 답할 때는 ぼちぼち라고 한다. '슬슬 출발할 시간', '슬슬 결혼할 나이'처럼 슬슬 행동을 시작할 시간이나 시기가 왔음을 말할 때도 쓴다.

 오늘 저녁은 스키야키야

女1 あいこともこ、ホント久々だよね。仕事忙しい？
女2 まぁ、ぼちぼちね。

여1 아이코랑 토모코, 정말 오랜만이네. 일 바빠?
여2 뭐, 그럭저럭.

 장인어른이라고 부르게 해줘

女1 就活は進んでるの？真理乃(まりの)。
女2 うん。まあ、ぼちぼち。

여1 구직 활동은 잘되고 있어, 마리노?
여2 응. 뭐, 그럭저럭.

 처음 사랑을 한 날에 읽는 이야기

男 あっ、順子(じゅんこ)。テストどうだった？
女 まあ、ボチボチかな。

남 아, 준코. 시험은 어땠어?
여 뭐, 그럭저럭.

 너는 나에게 빠지고 싶다

男1 今日の同行(どうこう)、何時からだっけ？
男2 11時のアポなんで、ぼちぼち出たいですね。

남1 오늘 같이 가는 거 몇 시부터였지?
남2 11시 약속이니까 슬슬 나가야겠네요.

 내일, 나는 누군가의 여자친구 시즌2

女1 大学はどう？順調？
女2 はい。3年なんで、ぼちぼち就活も始めてます。

여1 대학교는 어때? 잘 다니고 있어?
여2 네, 3학년이어서 구직 활동도 슬슬 시작했어요.

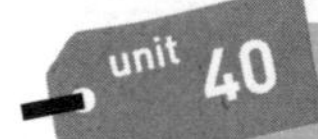

心なしか 어쩐지, 왠지
気のせい 기분 탓

心(こころ)なしは '그렇게 생각해서 그런지'란 뜻인데, 보통 心なしか란 형태로 쓰고, 우리말로 '어쩐지', '왠지'란 의미이다. 참고로 気のせい는 '기분 탓'이란 뜻이니 두 표현을 헷갈리지 않도록 유의한다.

오늘은 회사 쉬겠습니다

女 1日ぶりに会うマモルも、心なしか嬉しそうだ。

여 하루 만에 보는 마모루도 어쩐지 기분이 좋아 보인다.

저, 운명의 사람입니다

女 私、ビール苦手なんですけど、男の人がビール飲む姿、好きなんですよね。

男 今日は心なしかビールがうまいな。ハハハ…。

여 맥주 안 좋아하는데, 남자가 맥주 마시는 모습은 좋아해요.

남 오늘은 왠지 맥주가 맛있네. 하하하….

어이 미남!!

男 伊藤(いとう)本部長、絶好調。

女 いつもよりすてきな気がする。気のせいかな？

남 이토 본부장님, 물이 올랐네.

여 평소보다 멋진 것 같아. 기분 탓인가?

발신인은, 누구입니까?

女 彩花(さやか)さ。最近、私のこと避けてるんだよね。

男 そう？気のせいじゃない？

여 사야카 말이야. 요즘 나를 피하고 있어.

남 그래? 기분 탓 아니야?

• Pop Quiz 4 •

 자연스러운 문장이 되도록 어울리는 표현을 골라서 적절한 형태로 만들어 넣으시오.

ぼちぼち, バグる, 心なしか, そこそこ, 規則正しい, 縁起でもない, 辛気くさい, 湿っぽい, トラブる, ディスる

1. もう、こんな ________ のやめない？最後くらい楽しく過ごさせてよ。

2. なんだ、この ________ 曲は。消してくれ。

3. A: 俺、すみれが毎日会いに来てくれるなら、入院したままでいいな。

   B: そんな ________ 事、言わないでください。

4. ________ 生活は考え方をポジティブにする。

5. 俺の彼女が ________ られてキレた。

6. 仕事が急に ________ 徹夜した。

7. あいつ、距離感 ________ から、気をつけた方がいいよ。

8. A: 私はいっぱい稼いでくれる旦那さんがいい。

   B: 私は稼ぎは ________ でもいいかな。自分も働くし。

9. A: お仕事、どうっすか？

   B: まぁ、________ やってるよ。

10. 以前はまぶしいくらいの笑顔だったのに、今では ________ 冷たい視線を感じる。

CHAPTER 05

Chapter 4 정답 1. 湿っぽい 2. 辛気くさい 3. 縁起でもない 4. 規則正しい 5. ディス 6. トラブって 7. バグってる 8. そこそこ 9. ぼちぼち 10. 心なしか

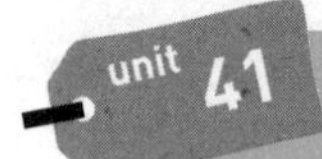

たまたま 우연히, 때마침
まぐれ 우연, 요행

일어난 어떤 일에 대해 たまたまじゃない？(우연 아니야?)라고 하거나, 보고 싶어 찾아왔으면서 たまたま近くに来たから(마침 근처에 오게 되어서)라고 둘러댈 때처럼 '우연'이나 '마침'이라는 의미로 たまたま를 쓴다. 참고로 '우연', '요행'이란 뜻의 まぐれ도 있다.

 유니콘을 타고

女1 こんにちは。あの、どうしてこちらに？
女2 たまたま近くに用があったから、これを届けに。

여1 안녕하세요. 어쩐 일로 여기에?
여2 마침 근처에 볼일이 있어서 이거 전해주려고.

 내 이야기는 길어

男1 いや〜、無職なのに彼女できるって、やっぱすごいよな。
男2 いや、たまたまだよ。

남1 아니, 무직인데 여자친구까지 생기고 역시 대단해.
남2 아니, 어쩌다 보니 그렇게 된 거야.

 도메스틱 그녀

男 賞を頂けたのも、まぐれかもしれませんが、支えてくれた人のためにも、小説家の夢を目指して頑張ります！

남 상을 받은 게 요행일지도 모르지만, 지지해 준 분들을 위해서라도 소설가의 꿈을 목표로 열심히 하겠습니다!

 남자 가정부를 원해?

男 ナイスショット！フフッ、うまいですね。
女 あっ、いや。まぐれです。まぐれ。

남 나이스 샷! 하하, 잘하시네요.
여 아, 아뇨. 우연이에요. 우연.

unit 42

成り行きで

어쩌다 보니

成り行き는 '일이 흘러가는 과정'을 의미해서, 成り行きで라고 하면 '흘러가는 대로 하다보니'란 뜻이 된다. 즉, 일부러 의도한 것이 아니라 '어쩌다 보니'란 뜻이다. 成り行きに任せる와 流れに身を任せる는 '흘러가는 대로 하다'란 뜻이다.

오! 마이 · 보스! 사랑은 별책으로

女 あの、前に私にくださるって言ってた水族館のチケット、あれどうなりました?
男 それなんですけど、話の流れといいますか。成り行きで、僕と宝来さんが行くことになってしまって、申し訳ない。

여 저기, 전에 저한테 주신다던 수족관 티켓, 그거 어떻게 됐나요?
남 그게 말이죠. 대화의 흐름이라고 할지, 어쩌다 보니 저랑 호라이 씨가 가게 되어버려서 죄송합니다.

도메스틱 그녀

男1 会ったばかりの女の子としてきた?お前、好きな人いるだろ?なんでそんなことに?
男2 成り行きで。

남1 막 만난 여자랑 하고 왔다고? 너 좋아하는 사람 있잖아? 어떻게 그렇게 된 거야?
남2 어쩌다 보니.

사람은 겉모습이 100%

女1 何をどのようにどうすれば、滞りなくデートが行えるのか教えてください。
女2 まあ、そんな深く考えなくてもさ、成り行きに任せればいいんだよ。

여1 뭘 어떤 식으로 어떻게 해야 순조롭게 데이트를 할 수 있을지 알려 주세요.
여2 뭐, 그렇게 깊이 생각하지 않아도 흘러가는 대로 하면 돼.

저, 운명의 사람입니다

女 せっかく手を引いてくれる人がいるんだから、躊躇ばっかりしないで、流れに身を任せることも大事だよ。

여 모처럼 이끌어 주는 사람이 있으니까 주저하지 말고 흘러가는 대로 하는 것도 중요해.

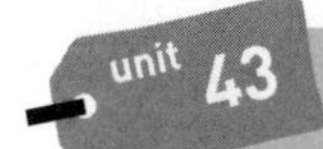

勢いで

분위기에 휩쓸려서, 얼떨결에, 순간 기분에, 홧김에, 기세를 몰아, 기세 좋게

勢い(いきお)는 '기세'라고 알고 있는 경우가 많은데, 좀 더 자세히 해석하면 '순간의 분위기나 기분에 휩쓸림'이란 뜻이다. 그래서 勢い(いきお)では '기세를 몰아', '기세 좋게'란 뜻뿐만 아니라, '분위기에 휩쓸려서', '얼떨결에', '순간 기분에', '홧김에' 등의 의미로도 자주 쓴다. 덧붙여 酔(よ)った勢(いきお)いでは '술기운에', '술김에'라는 뜻이다.

전남친 ← 리트라이

男 やっぱ無理だわ。勢いでつきあうとか言ったけど、セックス拒否ってくる女とかマジ無理だから。

남 역시 안 되겠어. 분위기에 휩쓸려서 사귀자고는 했는데, 섹스 거부하는 여자는 정말 힘들어.

삼천 엔의 사용법

女 昔は、そのときの勢いで、ぱ～っと使っちゃってて。でも今は、自分の目標というか、自分の未来のためにためます。

여 옛날엔 그 순간 기분에 따라 (돈을) 확 써버렸는데, 근데 지금은 자신의 목표랄지 자신의 미래를 위해 모아요.

올드 루키

女 勢いで辞めたら、ダメだってば。

여 홧김에 그만두면 안 된다니까.

피넛 버터 샌드위치

男 さっき、酔った勢いでキスしたって言ってましたけど、そんなんじゃないです。ひと目惚れでした。

남 아까 술기운에 키스했다고 말했는데, 그게 아니에요. 첫눈에 반했었어요.

ノリ悪い

분위기 못 맞춘다, 장단을 못 맞춘다, 반응이 시원찮다

ノリ는 그 자리의 분위기에 맞추는 태도를 의미해서, ノリ悪(わる)い는 '분위기 못 맞춘다', '장단을 못 맞춘다', '반응이 시원찮다'란 뜻이고, 반대로 ノリいい는 '분위기 잘 맞춘다', '잘 받아준다'란 뜻이다.

집필 불가! 각본가 케이스케 씨의 각본 없는 인생

男 絵里花(えりか)ちゃんだって言ったじゃない。この前、カレー作りながら僕に「勉強教えて、教えて」って。

女 あの時はノリで言っちゃったけど。

남 에리카도 말했었잖아. 요전에 카레 만들면서 나한테 "공부 가르쳐 줘, 가르쳐 줘."라고.

여 그때는 분위기 맞춰서 말한 건데.

반경 5미터

女 マツボックリさん。マジ疲れた。

男 どうしたの？

女 興味のないドラマ見て、話あわせるだけで疲れるのに、ノリまであわせて、めっちゃ疲れた。

여 솔방울 씨. 진짜 피곤해.

남 무슨 일인데?

여 관심 없는 드라마 보고 얘기 들어주는 것도 지치는데, 분위기까지 맞춰야 해서 엄청 피곤해.

브라더 트랩

女 和泉(いずみ)君って、めっちゃ塩じゃない？何かノリ悪いよね。

여 이즈미 엄청 무뚝뚝하지 않아? 분위기 못 맞춘다니까.

모테키

男 どうも。フジの童貞(どうてい)を卒業させる会、会長の墨田(すみだ)です。よろしく。

女 じゃ、是非、私も入会させてください。

男 おお～！おおっ！ノリいいねえ。

남 안녕하세요. 후지의 총각 딱지 떼기 모임 회장, 스미다입니다. 잘 부탁해요.

여 그럼, 저도 꼭 가입시켜 주세요.

남 오~! 잘 받아주네.

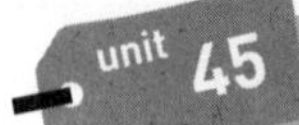

空気を読む

분위기 파악을 하다

空気(くうき)에는 '공기' 외에 '분위기'라는 뜻도 있어서 空気を読(よ)む라고 하면 '분위기 파악을 하다'란 의미가 되고, 空気が重(おも)い라고 하면 '분위기가 안 좋다'란 뜻이다.

 가정부 미타

男 少しは空気を読め！みんなが迷惑してるのが分からんのか。

남 분위기 좀 파악해! 다들 불편해하는 거 모르겠어?

 리미트

女 私ね、中学のとき…。かばった親友に裏切られて、イジメられたことがあって。それで高校では、空気を読んでうまくやろうと思って。

여 나 있잖아, 중학교 때 감싸줬던 친구한테 배신당해서 괴롭힘당한 적이 있어. 그래서 고등학교에서는 분위기 파악하고 잘 지내보려고.

 꾸미는 사랑에는 이유가 있어

女 せっかくあの子と葉山(はやま)さんが二人っきりになれそうって時に、駿(しゅん)くん、割って入っちゃって～。相変わらずマイペースというか。空気が読めないというか。

여 모처럼 걔랑 하야마 씨가 단둘이 있게 되나 싶을 때 슌이 끼어들었지 뭐야. 여전히 자기 방식대로 행동한다고 할지, 분위기 파악을 못한다고 할지.

 행렬의 여신 ~라면 서유기~

男 空気が重すぎて、部屋にいられませんよ。

남 분위기가 너무 안 좋아서 사무실에 있을 수가 없어요.

unit 46

顔色をうかがう 안색을 살피다, 눈치를 보다
気兼ねする 눈치를 보다, 어려워하다

顔色(かおいろ)をうかがう는 '안색을 살피다'란 뜻이므로, 다른 말로는 '눈치를 보다'란 의미도 된다. 気兼(きが)ね는 다른 사람의 생각을 신경 쓰는 태도를 의미하므로, 気兼ねする는 '눈치를 보다', '어려워하다'란 뜻이고, 気兼ねなく는 '신경 쓸 것 없이', '거리낌없이', '스스럼없이'란 뜻이다.

자전거집 타카하시 군

女 いつも、人の… 顔色ばっかりうかがっちゃうんです。嫌われたり、相手をイラつかせるのが怖くて。

여 항상 남의 안색만 살피게 돼요. 미움받거나 상대를 짜증 나게 하는 게 무서워서.

HERO 2

女 私たちの仕事は、特捜部(とくそうぶ)の顔色をうかがうことじゃないでしょ？

여 우리 일은 특수부의 눈치를 보는 게 아니잖아요?

솔로 활동 여자의 추천

女 自分の見たいものを好きな時間、誰にも気兼ねせずに見ていられる。これぞ、ソロ動物園。動物園の醍醐味(だいごみ)を満喫(まんきつ)している。

여 내가 보고 싶은 걸 원하는 시간, 누구의 눈치도 보지 않고 보고 있을 수 있다. 이게 바로 솔로 동물원. 동물원의 묘미를 만끽하고 있다.

프로미스 신데렐라

女 あなたのことも家族だと思ってるから、な～んの気兼ねもしなくていいのよ。うん？

여 당신도 가족이라고 생각하니까, 하나도 어렵게 생각하지 않아도 돼. 알겠지?

오타쿠에게 사랑은 어려워

女 今夜は、女同士、気兼ねなく、熱い話ができるわね。

여 오늘밤은 여자끼리 스스럼없이 뜨거운 얘기할 수 있겠다.

水を差す

찬물을 끼얹다

水(みず)を差(さ)す는 말 그대로 '찬물을 끼얹다'란 뜻으로, 잘되고 있는 일에 끼어들어 분위기를 망치는 것을 의미한다. 조사 を를 생략하는 경우도 많다.

 디어 시스터

女 人がせっかく楽しく盛り上がってんのに、何でそうやって水差すようなことすんのよ？

여 남이 모처럼 즐겁게 분위기 좋아지고 있는데, 왜 그렇게 찬물을 끼얹고 그래?

 믹스

女 あー、スッキリした！来てよかった！

男 滝(たき)だけに水を差すようで悪いんだけど、そろそろ戻らないと、途中で日が暮れちゃうんじゃない？

여 아~ 후련하다! 오길 잘했어!

남 폭포에서 물을 끼얹는 것 같아 미안한데, 슬슬 돌아가지 않으면 중간에 해가 지는 거 아니야?

 믹스

女 いちいち水を差さないと、気が済まない性格なの？

여 일일이 찬물을 끼얹지 않으면 직성이 안 풀리는 성격이야?

 미안해 청춘!

女 みんな優しいから、私が引っ越すって言ったら気ぃ使うじゃん。水差したくないんだ。せっかく初めての合同文化祭なのに、自分のせいで変な感じにしたくないし。

여 다들 착해서 내가 이사 간다고 말하면 신경 쓰게 되잖아. 찬물 끼얹고 싶지 않아. 모처럼 첫 합동 문화제인데, 나 때문에 이상한 분위기로 만들고 싶지 않고.

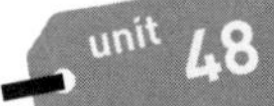

人並み

남들만큼, (남들과 같은) 보통 정도

並(な)み는 '보통'이란 뜻이다. 예를 들어 일본의 규동 집에 가서 보통 사이즈 하나를 시키면 점원이 並一丁(なみいっちょう)(보통 1인분)라고 외친다. 명사 뒤에 並み가 붙으면 '~만큼', '~처럼', '~수준'이란 뜻이 된다. 그래서 人並(ひとな)み는 '남들만큼', '보통 정도'란 의미가 되고, プロ並み는 '프로급', モデル並み는 '모델급', アイドル並み는 '아이돌급', ホテル並み는 '호텔급'이란 뜻이 된다. 月並(つきな)み는 '매달 행해지는', '평범한'이란 뜻도 있지만, '진부한'이란 의미로 주로 쓰인다.

삼천 엔의 사용법

女1 じゃあ、おばあちゃんも結婚するとき悩んだりした？
女2 まあ、そりゃあ、人並みにね。

여1 그럼 할머니도 결혼할 때 고민하거나 했어?
여2 뭐, 그야 남들만큼은.

지속 가능한 사랑입니까?

女 仕事はあるけど、稼ぎも遺産も人並みで、おまけに独身の娘あり。

여 직업은 있지만 벌이도 유산도 보통이고, 게다가 시집 안 간 딸까지 딸렸지.

기억에 없습니다

女 総理はゴルフの腕はプロ並みでした。

여 총리님은 골프 실력은 프로급이었습니다.

결혼하지 않는다

男 田中さんはどうしてこの業界に？
女 旅行が好きだからです。月並みで恥ずかしいですが。

남 타나카 씨는 어째서 이 업계에?
여 여행이 좋아서요. 진부한 이유라 창피하지만.

unit 49

あわよくば

잘하면, 어쩌면, 잘되면, 잘만 되면, 기회만 있으면

"소개팅한 애랑 다음 주에 또 보기로 했어. 잘하면 솔로 탈출할 수 있겠다.", "종료 2분 남겨놓고 프리킥이다. 잘하면 역전승할 수 있겠다!" 이렇게 "잘하면(일이 잘 풀리면)"이라고 표현할 때 あわよくば라고 한다. 상황에 따라 '어쩌면', '잘되면', '잘만 되면', '기회만 있으면'이란 의미가 되기도 한다.

남자 가정부를 원해?

女 講演会(こうえんかい)の終わりを狙うなんて、いい作戦ですね。
男 そう、あくまで自然を装(よそお)って、お近づきになるわけよ。今日はまず、ご挨拶(あいさつ)だけでもできれば。
女 いやいや、あわよくば新しい病院の話も。

여 강연회가 끝난 타이밍을 노리다니 좋은 작전이네요.
남 그렇지, 어디까지나 자연스러움을 가장해서 가까워지는 거야. 오늘은 우선 인사라도 할 수 있으면.
여 아니죠, 잘하면 새 병원 얘기도.

너에게 닿기를

女 あわよくばって下心あるんじゃないの?

여 잘만 되면 하고 흑심이 있는 거 아니야?

버저 비트 : 벼랑 끝의 히어로

女 私、上矢(かみや)君を押し倒してしまった。押し倒して、あわよくば、自分からキスするところだった。どうしよう私。自分が怖い。

여 나, 카미야를 밀어트려 버렸어. 밀어트려서 어쩌면 내가 키스할 뻔했어. 어떡하지 나. 내 자신이 무서워.

사랑할 수 없는 두 사람

男 男なんて、あわよくばヤリたい生き物じゃないですか。

남 남자란 기회만 있으면 하고 싶은 생물이잖아요?

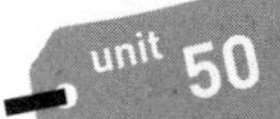

見かけによらず

겉보기와 다르게

見(み)かけ는 '겉보기', よる는 '따르다', '의하다'란 뜻으로, '사람은 겉보기와 다르다'라고 할 때 人は見かけによらない라고 한다. '겉보기와 다르게 ~하다'라고 할 때는 부정의 조동사 ず를 활용해서 見かけによらず~라고 한다.

연애 니트~ 잊어버리고 있었던 사랑을 시작하는 방법

女1 愛情が感じられない？何それ？
女2 だから、前は会うたびに好きって言っててくれてたわけ。
女1 見かけによらず、けっこう情熱的なんだね、山田君も。
女2 それが最近、何も言ってくれないの。

여1 애정이 느껴지지 않는다고? 무슨 소리야?
여2 그니까 전에는 만날 때마다 좋아한다고 말해줬단 말이야.
여1 겉보기와 다르게 꽤 정열적이네, 야마다도.
여2 그게 요즘엔, 아무 말도 안 해준다고.

딸바보 청춘백서

女 ちょっと、太郎(たろう)ちゃん。あんた、大学行ったんじゃないの？
男 うん、行ったよ。東大。
女 ほら、人って見かけによらない。これで東大だもんね。

여 저기 타로 씨, 당신 대학 나오지 않았나?
남 응, 나왔지. 도쿄대.
여 이봐, 사람은 겉보기와 달라. 이런 사람이 도쿄대잖아.

후르츠 택배

男 休み休みやんないと、へばっちゃうよ。
女 いえ、私、皆さんより遅いので、倍働かないと。
男 見かけによらず根性あんな。

남 쉬엄쉬엄하지 않으면 금방 녹초가 될 거야.
여 아뇨, 전 딴사람들보다 느려서 배로 일해야 해요.
남 보기와 달리 근성 있네.

• Pop Quiz 5 •

자연스러운 문장이 되도록 어울리는 표현을 골라서 적절한 형태로 만들어 넣으시오.

> 気兼ね, 人並み, 見かけによらない, 水を差す, あわよくば, たまたま, 成り行きで, ノリ, 勢いで, 空気

1. これ食べて。 ________________ 時間があったから作ってみた。

2. A: ３人でデート？

   B: 何か ________________ で３人で行くってことになった。

3. つい ________________ 仕事を引き受けちゃったけど、こうなったら頑張らないとね。

4. 向こうで一緒に飲まない？結構 ________________ のいいヤツらだからさ。

5. すいません。つまらないこと言って。 ________________ が読めなくて、場を凍らせることがしょっちゅうなんです。

6. 私には誰にも ________________ なく、１人で飲んで食べるこの時間が大切だ。

7. せっかくいい流れが来てるのに、どうして ________________ ようなことをするんだ。

8. 料理教室のアシスタントをしておりまして、大抵のものは ________________ に作れます。

9. つり橋効果で、 ________________ 恋に落ちちゃうんじゃない？

10. この人 ________________ モテないんで恋愛得意じゃないの。

CHAPTER 06

51 見てのとおり

52 パッと見/一見

53 ジロジロ/ガン見

54 見るからに/見たところ

55 ～て損した

56 手頃

57 うってつけ/もってこい

58 釣り合わない

59 浮いてる

60 場違い

Chapter 5 정답	1. たまたま 2. 成り行き 3. 勢いで 4. ノリ 5. 空気 6. 気兼ね 7. 水を差す 8. 人並み 9. あわよくば 10. 見かけによらず

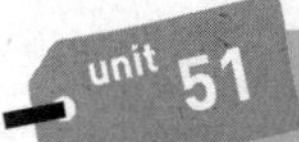

見てのとおり

보시는 것처럼, 보시는 대로, 보다시피

'보시는 것처럼 ~하다'라고 말할 때 見てのとおり~ 형태로 쓰고, 안부를 묻는 질문에 대해 "보시는 대로 (건강하다, 잘 지낸다, 건강하지 못하다)" 라는 의미로 대답할 때 見てのとおりです라고 하기도 한다.

살색의 감독 무라니시

男1 こんな時間まで何やってるんですか？
男2 見てのとおりですよ。脚本を書いています。

남1 이 시간까지 뭐 하세요?
남2 보시는 대로요. 각본 쓰고 있습니다.

남자 가정부를 원해?

男 昔から不器用で、見てのとおり家事も苦手だし、余裕なフリしてるけど、いつもいっぱいいっぱいで、そんな姿を人に見せるのが怖かったんです。

남 옛날부터 서툴러서 보시는 것처럼 집안일도 못하고, 여유 있는 척하지만 항상 빠듯하고, 그런 모습을 남에게 보이는 게 두려웠어요.

하늘을 나는 타이어

男1 話がある。ちょっといいか。
男2 見てのとおり会議中だ。あとにしてもらっていい？

남1 할 얘기가 있어. 잠깐 보자.
남2 보다시피 회의 중이야. 나중에 하면 안 돼?

저 결혼 못 하는 게 아니라, 안 하는 겁니다

男 どうぞ、こちらへ。
女1 えッ、こっち？
女2 今日、私達、見てのとおり女子会だから、そっちの席がいいんだけど。

남 이쪽으로 앉으시죠.
여1 네? 여기요?
여2 오늘 우린 보다시피 여자끼리 하는 친목회라서 저쪽 자리가 좋은데.

パッと見 딱 봤을 때

一見 언뜻 봄, 대충 봄

ぱっと는 순간적으로 동작이 일어나는 모양, パット見(み)는 순간적으로 보는 것을 의미한다. 보통 '딱 봤을 때'란 의미로, 겉모습만 보고 인상을 말할 때 자주 쓴다. 비슷한 표현으로 '언뜻 보기에', '대충 봄'이란 의미의 一見(いっけん)도 있다. パット見가 처음 딱 본 순간에 초점을 둔다면 一見은 '언뜻 봄', '대충 봄'처럼 가볍게 봤다는 것에 초점을 둔다.

도메스틱 그녀

女 パッと見、まだ目、腫(は)れてる？

여 딱 봤을 때 아직 눈 부어 보여?

저, 운명의 사람입니다

男1 部長って指輪(ゆびわ)のサイズ、おいくつですか？
男2 えっ、何で？興味あんの？
男1 いや、あの興味というか、パッと見17号くらいかなぁと思いまして。

남1 부장님, 손가락 사이즈 어떻게 되세요?
남2 뭐, 왜? 관심 있어?
남1 아뇨, 저기 관심이랄까, 딱 봤을 때 17호 정도인가 싶어서요.

너도 평범하지 않아

女1 君島(きみじま)さんは、なんで柳(やなぎ)さんのことを好きになったんですか？ホントに教えてもらえません？
女2 えっ、理由とかいる？パッと見て、ちょっとしゃべってさ、なんかいいって思ったら、それでいいじゃん。

여1 키미지마 씨는 왜 야나기 씨를 좋아하게 된 거예요? 진짜로 알려주지 않을래요?
여2 뭐, 이유 같은 게 필요한가? 딱 보고 얘기 좀 하고, 뭔가 좋다고 생각되면 그걸로 된 거잖아.

수수하지만 굉장해! 교열걸 코노 에츠코

女 この主人公は一見、地味な主婦だけど、キラキラとした夢を持ったかわいい女なわけよ。

여 이 주인공은 언뜻 보면 수수한 주부지만, 빛나는 꿈을 가진 귀여운 여자란 말이지.

unit 53

ジロジロ 빤히, 뚫어지게
ガン見 빤히 봄, 뚫어지게 봄

삼가는 기색 없이 유심히 쳐다보는 동작을 ジロジロ라고 하는데, '빤히', '뚫어지게'란 의미이다. 비슷한 표현인 ガン見(み)する는 '빤히 보다', '뚫어지게 보다'란 뜻이다.

솔로 활동 여자의 추천

女 それ以上ジロジロ見たら、セクハラになるよ。

여 그 이상 빤히 쳐다보면 성희롱이야.

꽃보다 남자 2 리턴즈

女 あんまりジロジロ見ないでよ。

여 너무 빤히 쳐다보지 마.

정직 부동산

女 課長、外に変な人いるんですけど。ジロジロのぞき込むだけで、中に入ろうとしなくて。ずっと見てるんです。

여 과장님, 밖에 이상한 사람이 있어요. 뚫어지게 들여다보기만 하고 들어오지는 않고, 계속 보고 있어요.

불량소녀, 너를 응원해!

女 ガン見しすぎじゃね？

男 あっ、ごめん。いや、カッコいいなって思ってさ。

여 너무 뚫어지게 쳐다보는 거 아니야?

남 아, 미안. 아니, 멋져 보여서.

아프로 다나카

男 僕も田中君は童貞(どうてい)だと思います。さっきの合コン中にも、童貞だと裏付けられる言動がいくつもあります！女性と目が合わせられない。距離感が分からない。あげくの果てには、人前で胸をガン見する！

남 저도 다나카는 숫총각이라고 생각합니다. 아까 미팅 중에도 숫총각이라는 걸 뒷받침하는 언동이 몇 가지나 있습니다! 여성과 눈을 못 맞춘다. 거리감을 모른다. 급기야는 남들 앞에서 가슴을 뚫어지게 쳐다본다!

unit 54 見るからに 보기만 해도, 그냥 봐도 / 見たところ 보아하니, 보니까

무엇을 경험해 보거나 겪어보지 않고 그냥 보기만 해도 어떨 것 같다고 예상할 때 見るからに라고 한다. 우리말로는 '보기만 해도', '그냥 봐도' 등의 의미가 된다. 추가로 見たところ는 '보아하니', '보니까'란 의미이다.

À Table! ~역사의 레시피를 만들어 먹다~

男 おいしいし…。見るからにヘルシー。

남 맛도 있고, 보기만 해도 몸에 좋을 거 같아.

각오는 됐나, 거기 여자

男 あいつ、たぶん、恋なんかしねぇんだよ。恋愛とか男とか、見るからに興味なさそうだもんな。

남 그 녀석은 아마 연애 따위 안 할 거야. 연애라든가 남자라든가 그냥 봐도 관심 없어 보여.

딸바보 청춘백서

男 こいつは見るからに軽そうだな。要注意だ。

남 이 녀석은 그냥 봐도 가벼워 보이네. 요주의 인물이다.

사랑하는 사이

男1 夏の間、お世話になります！
男2 夏の間って急に言われても困るって。
男1 別にいいだろ。見たところ、彼女もいないようだし。

남1 여름 동안 신세 좀 지겠습니다!
남2 갑자기 여름 동안이라니 곤란해.
남1 안 될 것도 없잖아. 보아하니 여자친구도 없는 것 같고.

새로운 왕

男 一回チャンスをやってくれないか。私が見たところ、結構、素質あると思うんだよ。

남 한번 기회를 주지 않겠어? 내가 보니까 꽤 소질이 있는 것 같아.

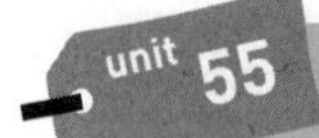

～て損した

괜히 ~했다

직역하면 '~해서 손해 봤다'이지만, 우리가 자주 쓰는 말로 의역하면 '괜히 ~했다'가 된다. 心配(しんぱい)して損(そん)した(괜히 걱정했다), 話(はな)して損した(괜히 얘기했다), 期待(きたい)して損した(괜히 기대했다), 来(き)て損した(괜히 왔다), 褒(ほ)めて損した(괜히 칭찬했다)처럼 다양하게 쓰인다.

꽃보다 남자 2 리턴즈

女 そっか。すぐ退院できるんだ。心配して損したよ。

여 그렇구나. 금방 퇴원하는구나. 괜히 걱정했잖아.

나의 누나

男 メイちゃん、姉ちゃんのこと好きなんだって。
女 え…、そうなの？
男 憧れなんだって。
女 へー…、センスある～。
男 なんでだろ？言って損した気がする。

남 메이가 누나가 좋대.
여 뭐, 그래?
남 동경의 대상이래.
여 센스 있네~.
남 왜지? 괜히 말한 것 같은 기분이 든다.

백수 알바 내 집 장만기

女 あ～。話して損した。誰にも話したことなかったのに。

여 아, 괜히 얘기했다. 아무에게도 얘기한 적 없는데.

아리무라 카스미의 촬휴

女1 エッ、1人？
女2 えっ？そやけど。
女1 ああ、イケメン俳優連れて帰ってくんのかと思ったわ。
女2 残念でした。
女1 うん、期待して損したわ。

여1 어, 혼자야?
여2 어? 그런데.
여1 아, 잘생긴 배우 데려오나 싶었지.
여2 유감이네요.
여1 어, 괜히 기대했네.

手頃

적당함, 알맞음, 저렴함, 중저가

手頃(てごろ)는 손으로 다루기에 크기나 무게 등이 적당하고 알맞을 때 사용하는 표현이다. 또한, 구입하기에 가격이 부담 없다는 뜻도 있어서 '저렴함', '중저가'란 의미가 되기도 한다. お手頃価格(かかく)라고 하면 '부담 없는 가격'이란 뜻이다. 참고로 程(ほど)よい는 '적당한', '딱 좋은', '딱 알맞은'이란 뜻으로 程よい甘(あま)さ(적당한 단맛), 程よい酸味(さんみ)(적당한 신맛), 程よい温度(おんど)(딱 알맞은 온도)처럼 맛이나 촉감 등과 관련해서 많이 쓰인다.

이 사랑 데워드릴까요

女 北川(きたがわ)さんのシュークリーム、おいしかったです。4つの味のバランスもいいし、大きさも手頃だし、私には思いつかないな〜って。

여 키타가와 씨의 슈크림빵 맛있었어요. 4가지 맛의 밸런스도 좋고, 크기도 적당하고, 저라면 생각 못했을 것 같아요.

저 결혼 못 하는게 아니라, 안 하는 겁니다

男 つきあう前は高級志向のいい女系、でもつきあってからはかわいいのに、実は案外手頃なバッグを持ったりなんかして、意外に金の掛からない女を演出する。

남 사귀기 전에는 고급스러움을 지향하는 멋진 여자, 하지만 사귀고부터는 예쁜데 알고 보면 저렴한 가방을 들거나 해서 의외로 돈이 들지 않는 여자를 연출하는 거지.

서바이벌 웨딩

男1 フッフフフ…。
男2 何ですか？
男1 いやいやいや、よくお似合いだなと思って。ラズラインの去年もの。しかもお手頃ライン。ちなみに私が着ているのが、ラズラインの最新最上級ランクのフォーマルです。

남1 흐흐흐….
남2 왜 그러세요?
남1 아뇨, 아뇨. 잘 어울린다 싶어서요. 라즈라인의 작년 제품. 그것도 중저가 라인. 참고로 제가 입고 있는 게 라즈라인의 최신 최상급 라인의 정장이죠.

うってつけ 안성맞춤, 최적, 딱 좋은
もってこい 안성맞춤, 최적, 딱 좋은

'무엇에 딱 알맞은'이란 뜻의 うってつけ는 우리말로 '안성맞춤', '최적', '딱 좋은'이란 말이다. もってこい도 똑같은 의미로 쓰는데, 한자로 持(も)ってこい라고 쓰면 '가지고 와'라는 다른 뜻의 명령문이 되어 버리니 주의하자.

그게 아닌 쪽의 그녀

男 ここは密会にはうってつけの場所だ。都心から約１時間。周囲は山山山。人目につかずのんびりできる。

남 여긴 밀회하기에 안성맞춤인 장소네. 도심에서 약 1시간. 주위는 산, 산, 산. 사람 눈에 띄지 않고 느긋하게 지낼 수 있어.

콩트가 시작된다

男 小さい頃から孤独を抱えながら生きて来た瞬太(しゅんた)は、愛情深いうってつけの彼女を見つけた。

남 어릴 때부터 고독을 안고 살아온 슌타는 애정이 넘치는 최적의 여자 친구를 만났다.

런치의 앗코짱

女 同じ会社なのに…。こちらは窓もない。特に午後は、みんな、外回りで、閑散(かんさん)としている。確かに昼寝にはもってこいの環境だ。

여 같은 회사인데…. 이쪽은 창문도 없다. 특히 오후엔 모두 외근으로 한산하다. 확실히 낮잠 자기엔 최적의 환경이다.

살색의 감독 무라니시

男 10億、融資(ゆうし)してやる。その金で、お前は作りたいものを好きなだけ作れ。そのかわり、販売はすべてうちがやる。販売力の弱いお前らには、もってこいの条件だろ。

남 10억엔 융자해 주지. 그 돈으로 넌 만들고 싶은 작품 실컷 만들어. 그 대신 판매는 모두 우리가 한다. 판매력이 약한 너희들에게는 딱 좋은 조건이잖아.

unit 58

釣り合わない

(둘이) 어울리지 않는다

서로 조화롭게 잘 어울린다는 의미의 釣り合う는 두 사람이 짝으로서 자질이나 외모 등이 서로 어울리는지, 또는 물건의 가격이나 가치 등이 적절한지 헤아릴 때 사용한다. 주로 부정형으로 쓰이는데, 어울리지 않는다고 할 때 釣り合わない라고 하거나, 명사형 不釣り合い를 써서 말하기도 한다. 좀 더 포괄적으로 대부분의 상황에서 '어울린다', '적합하다'라고 할 때는 ふさわしい를 많이 쓴다.

장난스런 키스 ~ Love in TOKYO

女1 ねえ、やっぱりうちにお嫁に来たらいいのに。
女2 入江君と私じゃ、釣り合わないですよ。

여1 봐, 역시 우리 집에 며느리로 오면 좋을 텐데.
여2 이리에와 저는 어울리지 않잖아요.

브라더 트랩

男 どうして別れたんですか？ああ、言いたくなかったらいいんですけど。
女 先輩と私は、元々不釣り合いだったの。

남 어째서 헤어진 거예요? 아, 말하고 싶지 않으면 안 해도 괜찮아요.
여 선배와 나는 원래 어울리지 않았어.

정직 부동산

男 才色兼備の奥様には、この高級マンションこそがふさわしいです。

남 재색을 겸비한 아내분에게는 이 고급 아파트야말로 잘 어울립니다.

커피, 어떠신지요

女 とびきりおいしい豆をください。
男 はい、エスプレッソにふさわしい深煎りのフレンチローストをどうぞ。

여 가장 맛있는 커피 원두 주세요.
남 네, 에스프레소에 적합한 진하게 볶은 프렌치 로스트입니다.

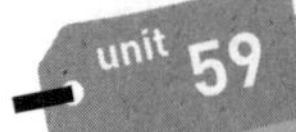

浮いてる

어울리지 못하다, 겉돌다, 튀다

浮く는 '뜨다'란 뜻인데, 학교나 회사 같은 단체에서 다른 사람들과 어울리지 못하고 혼자 겉돌거나, 어떤 자리에 어울리지 않거나 튀는 느낌이 들 때 浮いてる라고 한다. 예를 들면 고급 레스토랑에 추리닝 같은 허술한 차림으로 왔거나, 코스튬 파티에 혼자 변장하지 않고 왔을 때처럼 그곳 분위기에 어울리지 않고 혼자 겉도는 느낌이 들 때 사용한다.

지금 만나러 갑니다

男 僕は変わり者だったから、部活の陸上以外は全く興味がないっていうか… もともと人と付き合うのも苦手だし、なんか、浮いてて… いつも独りだったから。

남 나는 좀 특이해서 부활동 육상 외에는 전혀 관심이 없다고 할지… 원래 사람들과 사귀는 게 서툴고, 왠지 어울리지 못하고… 항상 혼자였으니까.

너에게 닿기를

女 あたしたちも最初はあんたのこと、暗いし、浮いてるヤツだと思ってた。

여 우리도 처음엔 네가 어둡고, 겉도는 애라고 생각했어.

헝그리

男 うわっ、お祭りみたい。

女 でも、何か私たち、浮いてない？

남 우와, 축제 같다.

여 근데 뭔가 우리 겉도는 거 같지 않아?

오렌지 데이즈

男1 お前、そんな格好で大学来んなよ。浮いてるよ。

男2 午前中、1個面接あったんだよ。

남1 너 말이야, 그런 차림으로 학교에 오지 마. 튄다니까.

남2 오전에 면접이 하나 있었어.

unit 60

場違い

그 자리에 어울리지 않음, 잘못 옴, 낄 자리가 아님

아저씨들만 가득한 기사식당 같은 곳에 어린 여자 혼자 먹으러 왔거나, 떠들썩한 파티에 낯가리는 소심한 사람이 와서 적응을 못할 때처럼 어떤 자리에 어울리지 않는 사람이 왔을 때 場違い(ばちが)라고 한다. 우리말의 '잘못 오다', '낄 자리가 아니다' 등의 의미에 해당한다.

방랑의 미식가

男1 お決まりでいらっしゃいますか？
男2 あ…、このパスタのコースを。
男1 かしこまりました。何かお飲み物は飲まれますか？
男2 とりあえずビールを！
男1 かしこまりました。
男2 しまった！何が「とりあえずビール」だ。居酒屋じゃないんだぞ。場違いなおじさんが迷い込んだと思われてないだろうか。

남1 주문 정하셨습니까?
남2 아… 이 파스타 코스요.
남1 알겠습니다. 뭐 마실 것도 드릴까요?
남2 우선 맥주요!
남1 알겠습니다.
남2 아차! 뭐가 "우선 맥주"야. 술집도 아닌데. 어울리지 않는 아저씨가 헤매다 들어왔다고 생각하는 거 아닌가?

이봐 선생님, 그거 모르지?

女 私、場違いじゃないですか？こんな華やかな場所に、私なんかが。

여 저, 잘못 온 거 아닌가요? 이런 화려한 곳에 저 같은 사람이.

이 남자는 인생 최대 실수입니다

女 皆さん、すごい方ばかりで、場違いでした。私なんか、ホント、凡人中の凡人で…。

여 다들 대단한 분들 사이에 제가 낄 자리가 아니었어요. 저처럼 지극히 평범한 사람이….

• Pop Quiz 6 •

 자연스러운 문장이 되도록 어울리는 표현을 골라서 적절한 형태로 만들어 넣으시오.

うってつけ, 手頃, 釣り合わない, 場違い, 浮いてる, 見てのとおり, ジロジロ, 損した, パッと見, 見るからに

1. A: 元気？

   B: ________________ 元気。

2. ________________ 幼いから気付きにくいけど、実はすげえきれいな人なんだ。

3. A: 水着のカメラマン、最高かよ。

   B: ちょっと、あんまり ________________ 見ないでよね。

4. いい色に焼けてる！ ________________ うまそうだ。

5. 謹慎(きんしん)中で落ち込んでるかと思って来たけど、心配して ________________。

6. 家賃は ________________ なんだけど、洗濯機が外置きなんだって。

7. これから冒険したい女にヤバい匂いのする男は ________________ じゃない？

8. あんな美人なら、相当なハイスペックな男じゃないと、________________ でしょ。

9. 私、昔から少し ________________ たんですよね。日本人でもないし、アメリカ人でもないし。

10. 私たち、________________ じゃないですか？もう帰りたい。

CHAPTER 07

Chapter 6 정답	1. 見てのとおり 2. パッと見 3. ジロジロ 4. 見るからに 5. 損した 6. 手頃 7. うってつけ 8. 釣り合わない 9. 浮いて 10. 場違い

これを機に 이걸 계기로, 이 기회에, 이참에
この際 이참에, 이 기회에

これを機(き)には '일어난 어떤 일에 관련해서'란 뜻으로, 우리말로 '이걸 계기로', '이 기회에', '이참에'란 의미이다. 비슷한 표현으로 この際(さい)는 '이 상황에 있어서'란 뜻으로, 우리말로 '이참에', '이 기회에'에 해당한다.

발신인은, 누구입니까?

男　こんな田舎、初めて来たわ。
女1　ってか、電波ないんだけど、ここ。
女2　これを機にデジタルデトックスしたら？
女3　無理無理。これないとマジで死ぬから。

남　이런 시골 처음 와봤다.
여1　그보다 전파 안 잡히는데, 여기.
여2　이걸 계기로 디지털 디톡스 하지 그래?
여3　안 돼. 안 돼. 이거 없으면 진짜 죽는다니까.

삼천 엔의 사용법

女　去年の春、病気から復活して再就職しようってときに、今度は母が倒れちゃって。これを機に、母の介護のためにも、勉強しとこうって思って。資格を取れば仕事にもできるし、一石二鳥かなって。

여　작년 봄에 병이 낫고 나서 재취업하려고 할 때 이번엔 어머니가 쓰러지셨어. 이걸 계기로 어머니 간병을 위해서라도 공부해두자 싶었지. 자격증을 따면 일자리도 구할 수 있고, 일석이조 아닌가 하고.

사랑 따위 진심으로 해서 어쩌려고?

女　気持ちの整理つけるためにも、この際、1回きちんと話してみたら？

여　마음을 정리하기 위해서라도 이참에 한번 제대로 얘기해 보는 게 어때?

과보호의 카호코

女　この際だから言わせてもらうけど。私も糸(いと)のこと、あんまり好きじゃない。心の底で、加穂子(かほこ)のこと、バカにしてるの、知ってたから。

여　이참이니까 말하겠는데, 나도 이토를 별로 좋아하지 않아. 마음속으로 카호코를 무시하는 거 알고 있었으니까.

この期に及んで

이 마당에 와서, 지금에 와서, 이제 와서

この期に及んで를 직역하면 '이 때에 이르러서'인데, 우리말의 '이 마당에 와서', '지금에 와서', '이제 와서'에 해당한다. 무엇이 임박한 시기에 이르러 뒤늦게 무엇을 하려고 할 때 사용한다.

도쿄 독신 남자

男1 女ってのは、一度シャッターを下ろすと、二度と上げないからな。この期に及んでよりを戻そうとか…。

男2 思ってないよ 。

남1 여자란 한 번 셔터를 내리면 두 번 다시 올리지 않아. 이 마당에 와서 다시 합치려고….

남2 그런 생각 안 해.

슬로우 댄스

男 何で言ってくんなかったの？キッズ、辞めたんじゃなくて…。

女 格好悪いじゃん。クビになったなんてさぁ。

男 信じられない。この期に及んで、格好つけようって思える神経が。今までどんだけ恥さらしてきたと思ってんだよ？

남 왜 말하지 않았어요? 아동복, 그만 둔 게 아니라면서요.

여 볼품없잖아. 잘렸다고 말하는 거.

남 말도 안 돼. 지금에 와서 모양새 신경 쓰는 심리가. 지금까지 못 볼 꼴 얼마나 많이 본 줄 알아요?

독신 귀족

男 この期に及んで、何、言ってるんですか？

남 이제 와서 무슨 소리 하는 거예요?

미스 파일럿

男 お前ら、この期に及んでまだぐちぐち言ってんのかよ。ここまで来たら、もうやるしかねえだろ。

남 너희들, 이 마당에 와서 아직도 궁시렁궁시렁하는 거야? 여기까지 왔으면 하는 수밖에 없잖아.

unit 63

ここぞって時 이때다 싶을 때, 중요한 순간
ここぞとばかりに 이때다 싶어서

ここぞ는 '이때다'란 말로 ここぞって時(とき) 또는 ここぞという時라고 하면 '이때다 싶을 때', '중요한 순간(시기)'을 의미한다. 히라가나로 ここぞってとき라고 표기하기도 한다. 그리고 ここぞとばかりに는 어떤 일을 기회로 삼아 이용하는 것을 가리키는 말로, '이때다 싶어서'란 뜻이다.

악녀~일하는 게 멋없다고 누가 말했어~

男1 男が化粧すんのか？
男2 僕もここぞって時はしますね。
男1 すんのか！？

남1 남자가 화장하나?
남2 저도 이때다 싶을 때는 합니다.
남1 한다고!?

퍼스트 러브 하츠코이

男 昔っからこうなんだよ。高校の修学旅行では、はしゃぎすぎて集合場所で骨折。センター試験では盲腸(もうちょう)で浪人。いつもここぞって時、しくじってスカを食う。

남 옛날부터 이런다니까. 고교 수학여행에서는 너무 들떠서 집합 장소에서 뼈가 부러지고, 대입에서는 맹장염으로 재수. 항상 중요한 순간에 실수해서 기대가 어긋나지.

행렬의 여신 ~라멘 서유기~

女 フードサミットの運営委員長に就任したからといって、ここぞとばかりに毛嫌(けぎら)いしているラーメンを排除(はいじょ)しようなんて、相当、子どもじみてますけどね。

여 음식 회담의 운영위원장에 취임했다고, 이때다 싶어서 마음에 안 드는 라멘을 제외시키려고 하다니, 상당히 유치하네요.

どっちにしろ 어느 쪽이든, 어찌 됐든　どの道 어차피
どっちみち 이러나저러나, 어차피

どっちにしろ는 '어느 쪽이든'이란 뜻이므로 '어찌 됐든'이란 의미도 되고, どの道(みち)는 직역하면 '어느 길'이지만 의역해서 '어차피'라는 의미로도 쓴다. 비슷한 표현인 どっちみち는 '이러나저러나', '어차피', しょせん은 '결국', '어차피'란 뜻이다.

가족의 형태

男 莉奈(りな)ちゃんだってな。勇気振(ふ)り絞(しぼ)ってお前にプロポーズしたんだからよ。どっちにしろ、誠意持って返事しろよ。

남 리나 씨도 용기를 짜내서 너에게 프러포즈한 거니까 어찌 됐든 성의 있게 답해줘.

유니콘을 타고

男 どっちにしろ、あんな手足の長い男の服、俺に似合うはずないだろ。

남 어찌 됐든 그런 팔다리 긴 남자의 옷이 나에게 어울릴 리가 없잖아.

결혼한다는데 정말입니까

男 人生は常に冒険。いろんな道がある。どの道を行っても未来がある。だから、どの道を選んだとしても、間違いではない。

남 인생은 항상 모험. 여러 길이 있지. 어느 길을 가도 미래는 있어. 그러니 어느 길을 선택해도 틀린 건 아니야.

이 남자는 인생 최대 실수입니다

女 多分どの道、放っといてもあの2人はね…、うまくいかないと思うよ。

여 아마 어차피 그냥 내버려둬도 저 두 사람은 잘되지 않을 거야.

최애 왕자님

女 どっちみち条件が合わなかったから、断られてたと思う。

여 어차피 조건이 맞지 않아서 거절당했을 거야.

どうもこうもない

어떻고 뭐고 할 것도 없다, 어쩌고 뭐고 할 것도 없다, 어떡하고 말고 할 것도 없다

우리말의 '어떻고 뭐고 설명할 것도 없다', '어쩌고 뭐고 언급할 것도 없다', '어떡하고 말고 따질 것도 없다'처럼 따로 언급하거나, 설명하거나, 따질 것도 없다고 할 때 どうもこうもない라고 한다.

당신의 물건이, 여기에

女 昨日里奈(りな)ちゃん、どうでした？
男 どうもこうもない。
女 何かあるでしょ。顔色どうとか。

여 어제 리나 어땠어요?
남 어쩌고 뭐고 할 것도 없어.
여 뭐라도 있잖아요. 안색이 어떻다든가.

삼천 엔의 사용법

男 離婚って、いったいどういうことなんだ？
女 どうもこうも、そのままの意味です！

남 이혼이라니 도대체 어떻게 된 거야?
여 어떻고 뭐고, 있는 그대로의 의미예요!

독신 귀족

男1 この脚本を山下(やました)さんに読んでいただいたんですよ。したら、出演を検討しても構わないって言ってくださったんですよ、山下(やました)智久(ともひさ)さん。どうしますかね、山下智久(やましたともひさ)さん。
男2 どうもこうもありませんよ。やっていただけるのであればうれしいです。

남1 이 각본을 야마시타 씨에게 보여줬는데요. 그랬더니 출연 검토하는 것 괜찮다고 하시네요, 야마시타 토모히사 씨가. 어떻게 할까요? 야마시타 토모히사 씨.
남2 어떡하고 말고 할 것도 없죠. 해주신다면 기쁜 일이죠.

삐꾸기 커플

女 それでお兄、どうするの？
男 どうもこうも、こんなウッキウキの招待状をわざわざポストに入れていたんだ。行かないわけにはいかないだろ。

여 그래서 오빠 어떻게 할 거야?
남 어쩌고 뭐고, 이렇게 잔뜩 들떠서 만든 초대장을 구태여 우편함에 넣어놨는데, 안 갈 수는 없잖아.

unit 66

どうってことない

어떻게 되는 건 아니다, 어떻다 할 건 없다, 별거 아니다, 대수롭지 않다

どうってことない는 どうってことはない 또는 どうってこともない의 줄임말로, 특별히 문제되거나 언급할 게 없을 때 '어떻게 되는 건 아니다', '어떻다 할 건 없다'란 뜻으로 쓰는 표현이다. 상황에 따라 '별거 아니다', '대수롭지 않다'란 의미도 된다. 비슷한 표현으로 '별것 아니다', '아주 쉽다'란 뜻의 屁でもない도 있다.

 보잘것없는 우리의 연애론

女1 そろそろ整理しなきゃと思うんだけどさ。お店もどうなるかわかんないし。
女2 え、苦しいの？
女1 そりゃあ、何でもかんでも値上がりしちゃあねぇ。ま、今すぐどうってことはないよ。

여1 슬슬 정리해야지 하고 생각은 하는데. 가게도 어떻게 될지 모르고.
여2 응? (가게) 힘들어?
여1 그야 뭐든 다 값이 오르면 말이지. 뭐, 지금 당장 어떻게 되는 건 아니야.

 악녀~일하는 게 멋없다고 누가 말했어~

男 それで、今年の新人はどうですか？
女1 どうってことはないよね。
女2 まぁ、みんな同じっていうか…。

남 그래서 올해 신입 사원은 어때요?
여1 어떻다 할 건 없지.
여2 뭐, 다들 비슷하다고 할지….

 한바탕 소동이라면 기꺼이!

女 佐京(さきょう)さん、もしかして体調が…。
男 ちょっと熱があるだけでどうってことないよ。

여 사쿄 씨, 혹시 몸 상태가….
남 조금 열이 있을 뿐, 별거 아니야.

 일본인이 모르는 일본어

女 今日の私のついてなさに比べたら、あんたの大凶(だいきょう)なんか、屁でもないのよ！

여 오늘 내가 재수없는 것에 비하면 네가 운수 나쁜 정도는 아무것도 아니야!

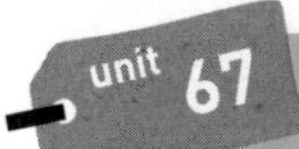

思いつき

(미리 생각한 것이 아니라) 갑자기 떠오른 생각, 충동, 변덕

思(おも)いつく는 '문득 생각이 떠오르다'란 뜻으로, 명사형인 思(おも)いつき는 '미리 생각한 것이 아니라 갑자기 떠오른 생각'을 의미한다. 상황에 따라 '충동적'이나 '변덕'이란 의미가 되기도 한다.

 이시코와 하네오 -그런 일로 고소합니까?-

男1 あの…、その方、お会いできたりしますか？
男2 それが２週間近く連絡取れなくて困ってんすよ。思いつきで旅行行ったりすっから、それだと思うんすけど。

남1 저기, 그분 좀 만날 수 있을까요?
남2 그게 2주 가까이 연락이 안 되어서 난처한 상황입니다. 충동적으로 여행 가고 하는지라, 그런 거라고 생각되긴 하지만요.

 도쿄 남자 도감

男1 ミーティングするぞ。
女 え…、今からですか？
男2 またいつもの思いつきかな。

남1 회의하자.
여 네? 지금이요?
남2 또 갑자기 뭔가 떠오른 건가?

유루캠프 △ 2기

女1 道具込みのキャンプって初めて。調達楽なのはいいよね～。
女2 今日は誘って頂いてありがとうございました。
女1 いやいやいやいや。巡(めぐろ)の思いつきにのってくれて、こちらこそありがとね。

여1 도구 딸린 캠프는 처음이야. 편하게 제공되는 건 좋네.
여2 오늘 저도 불러줘서 고마워요.
여1 아뇨, 아뇨. 메구로의 변덕에 응해줘서 저희가 고마워요.

 쉐어할 '라'! ~인스턴트 라면 어레인지부 시작했습니다

女 う～ん…。でも、ちょっと味薄くない？
男 うん？僕は、これぐらいが好きだけどな。
女 ふ～ん。まあ、思いつきでやった割には、うまくできたかな。

여 음… 근데 좀 싱겁지 않아?
남 어? 난 이 정도가 좋은데.
여 음…. 뭐, 갑자기 만든 것 치고는 잘 됐네.

unit 68

待ちに待った

기다리고 기다리던

손꼽아 기다리던 여름휴가, 애타게 기다리던 월급날, 이렇게 '몹시 기다리다'란 의미의 일본어 표현이 다양하게 있다. '기다리고 기다리던'이란 표현은 待(ま)ちに待(ま)った, '애타게 기다리다', '손꼽아 기다리다'란 의미에는 待(ま)ちわびる, 待(ま)ち遠(どお)しい, 待(ま)ち望(のぞ)む 등이 있다.

최애 왕자님

男 よっしゃ。

女 何かあったの？

男 何って、今日待ちに待った給料日じゃないすか。

남 아싸!

여 무슨 일 있어?

남 무슨 일이라뇨, 오늘 기다리고 기다리던 월급날이잖아요.

으랏차차 스모부

女 みんな、試合までいよいよあと１週間！

男 張り切ってんなあ。

女 だって、４年ぶりだよ！この日をどれだけ待ちわびたか。

여 여러분, 시합까지 드디어 일주일 남았어!

남 기운이 넘치시네요.

여 당연하지. 4년 만이라고! 이날을 얼마나 애타게 기다렸는데.

장난스런 키스 ~ Love in TOKYO

女 恋人のいる者にとっては、最高に待ち遠しいクリスマスシーズンがやってきた。

여 연인이 있는 사람에게는 최고로 손꼽아 기다리는 크리스마스 시즌이 찾아왔다.

수수하지만 굉장해! 교열걸 코노 에츠코

女 この私を雇ってくだされば、読者が待ち望んでる企画を連発し、必ずや、売り上げ減少にストップをかけるとお約束します。

여 여기 있는 저를 채용해 주시면 독자가 간절히 바라는 기획을 연달아 해서, 반드시 매출 감소를 멈추게 하겠다고 약속합니다.

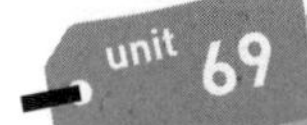

ゲットする

(원하던 것을 마침내) 손에 넣다, 가지다

'얻다', '가지다'란 뜻의 영어 get(ゲット)에 する를 붙여 동사화한 ゲットする는 '(원하던 것을 마침내) 손에 넣다', '가지다'란 뜻이다. 원하는 물건뿐만 아니라, 좋아하는 사람, 연락처, 정보 등 다양한 것을 손에 넣는다고 할 때 쓸 수 있다.

우리는 공부를 못해

女 見て見て！いつも行列で買えないレアプリン、ゲットしちゃった。人数分あるからみんなで食～べよ！

여 이거 봐봐! 맨날 줄이 길어서 못 사는 귀한 푸딩을 손에 넣었어. 인원수만큼 있으니까 다 같이 먹자~!

라스트 신데렐라

女 前に来たとき、言ってくれたじゃないですか。彼をゲットしたかったら、気持ちをぶつけなきゃ駄目だって。だから私、勇気を出して言ってみたんですよ。そしたら、向こうも私のこと、好きだって言ってくれて。

여 전에 왔을 때 말해 주셨잖아요. 그 사람을 원하면 마음을 전하지 않으면 안 된다고. 그래서 저, 용기 내서 말해봤어요. 그랬더니 상대도 저를 좋아한다고 말해주지 뭐예요.

언령장

女 なんとしてでも、お金持ちの彼氏をゲットしようって思ってま～す。

여 어떻게 해서라도 돈 많은 남자친구를 구하려고 맘먹고 있어요~.

리갈V

男 面白い情報をゲットしました。

남 재밌는 정보를 손에 넣었습니다.

어이 미남!!

男 人脈とスキルゲットして、とっとと独立したいよな。

남 인맥과 실력을 쌓아서 얼른 독립하고 싶다.

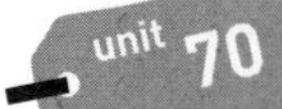

unit 70

見え見え 빤히 보이다, 다 티 나다
丸見え 죄다 보임, 빤히 보임

見え見えは 상대방의 의도나 마음이 훤히 들여다보인다는 뜻으로, 우리말의 '빤히 보이다', '다 티 나다'에 해당한다. 비슷한 표현인 丸見えは 보이도록 드러내거나 공간이 확 트여서 훤히 보일 때뿐만 아니라, 見え見え처럼 상대의 의도가 빤히 보일 때도 쓴다.

사랑 따위 진심으로 해서 어쩌려고?

女 私の気持ち、もうわかっちゃってますよね？見え見えだと思うし。

여 제 마음 이미 알아채셨죠? 다 티 날 거예요.

장인어른이라고 부르게 해줘

男 損失の責任、全部常務に押しつけようとしてるのが見え見え。

남 손실 책임을 전부 상무님에게 떠넘기려고 하는 게 빤히 보여.

라스트 신데렐라

女 キャッ！？ちょっと。何すんのよ！変態。
男 せめて脚ぐらい出しとけよ。
女 そんな短くしたら、パンツ、丸見えになっちゃうでしょ。

여 캬!? 좀. 뭐 하는 거야! 변태.
남 적어도 다리 정도는 드러내야지.
여 그렇게 짧게 하면 팬티가 다 보이잖아.

굿모닝 콜

男 下心、丸見えなんですけど。
女 あっ、バレた？

남 불순한 속마음이 다 보이는데.
여 아, 들켰어?

• Pop Quiz 7 •

 자연스러운 문장이 되도록 어울리는 표현을 골라서 적절한 형태로 만들어 넣으시오.

> 待ちに待った, 思いつき, ゲットする, どっちにしろ, 見え見え, どうもこうも, これを機に, どうってことない, ここぞってとき, この期に及んで

1. ________________ つきあってるって公にしてもいいです。

2. A: もう、やっぱ行きたくないな。

   B: ________________ 何言ってるんですか。

3. 意味のないケンカに勝ってもしょうがないんだよ。___________ ___________ に勝負かけんのが男だろ。

4. まあ、________________ スケジュール的には難しいです。

5. A: 原田先生の次はどんな人を？

   B: ________________ この履歴書の中から、いい人を選びましょう。

6. たった一度うまくいかなかったからって、________________。みんな乗り越えていくの。

7. 初めて自分から何かやりたいって思えたの。だから___________ ___________ 動いてなんかいないし、ちゃんと考えてるから。

8. いよいよ明日から ________________ 夏休みですね。

9. あいつ、また交流会で女の子 ________________ したらしいよ。

10. ________________ の嘘つくんじゃねえよ。

CHAPTER 08

Chapter 7 정답	1. これを機に 2. この期に及んで 3. ここぞってとき 4. どっちにしろ 5. どうもこうも 6. どうってことない 7. 思いつきで 8. 待ちに待った 9. ゲット 10. 見え見え

ズバリ

거두절미하고, 한마디로, 정확히, 시원하게, 거침없이

ズバリ는 정곡을 찌르는 모양, 단번에 찌르거나 베는 모양을 의미하는데, 거두절미하고 단도직입으로 묻거나 말할 때, 한마디로 콕 집어 말할 때, 정확히 말하거나 맞힐 때 등 다양한 상황에서 사용한다. 부사로 '시원하게', '거침없이'란 뜻이 되기도 한다.

오늘의 키라군

男 ズバリ聞いちゃうけど、お前らってつきあってんの？

남 거두절미하고 물어보는데, 너희들 사귀는 거야?

짝사랑 미식 일기 2

女 系列会社(けいれつがいしゃ)から戻ってきた方らしいんですけど、リアルはもっとステキで、頭も良さそうで…。

男 ズバリいい女ってわけね。

여 계열사에서 돌아온 분 같은데, 실물은 더 멋지고 머리도 좋아 보이고….

남 한마디로 괜찮은 여자라는 거네.

오늘은 회사 쉬겠습니다

女 数少ない趣味をずばり言い当てられたから驚いているのではない。

여 몇 안 되는 취미를 정확히 맞혀서 놀란 게 아니다.

내 스커트, 어디 갔어?

男 まず、相手の連絡先をゲットする。それがスタートライン。そのスタートラインである連絡先、好きな人からどうやって聞き出しますか？みんな。女のコ目線でズバリ答えて！

남 우선, 상대의 연락처를 손에 넣는다. 그게 출발점이야. 그 출발점인 연락처, 다들 좋아하는 사람한테서 어떻게 알아내지? 여자애 시선으로 시원하게 대답해 봐!

unit 72

図星

정곡을 찌름

図星(ずぼし)는 '핵심', '급소'란 뜻으로, 나의 말이 상대의 정곡을 찔렀을 때 図星か(정곡을 찔렀구나), 図星でしょ？(정곡을 찔렀지?), 図星だから(정곡을 찔러서)처럼 다양하게 쓸 수 있다.

선술집 바가지

男1 俺はな、昔っから病院は大嫌(でえきれ)えなんだ。
男2 注射(ちゅうしゃ)が怖いんじゃないか？
男1 なっ… そ… そんなわけねえだろ、そんなもん。
男2 図星だよ。お前、こど… 子供だよ、お前。

남1 나는 말이야. 옛날부터 병원이 엄청 싫었어.
남2 주사가 무서운 거 아니야?
남1 그… 그럴 리가 없잖아. 그런 걸.
남2 정곡을 찔렀네. 너, 완전 애… 애구나.

꽃미남이여 밥을 먹어라

男 っていうか、池田(いけだ)、なんか妄想してただろ？
女 えっ！
男 図星か。
女 なんでわかったの？
男 小学生の時から結構妄想好きだったもんな。

남 그보다 이케다, 뭔가 망상했었지?
여 헉!
남 정곡을 찔렀구나.
여 어떻게 안 거야?
남 초등학생 때부터 망상하는 거 꽤 좋아했었잖아.

녹풍당의 사계절

男1 ってか、京(きょう)くんってさ。友達いないでしょ？あっ、図星だ！ハハハハ…！
男2 別に…。そんなものいらん。

남1 그보다 쿄는 친구 없지? 아, 정곡을 찔렀구나! 하하하!
남2 뭐, 그런 거 필요 없어.

오늘 밤은 코노지에서 시즌2

男 確かに池(いけ)さんが言うこと、図星なんだよな。

남 확실히 이케 씨가 말한 거 정곡을 찔렀단 말이지.

unit 73

ドンピシャ

딱 들어맞음, 딱, 딱 적중함

どんぴしゃは どんぴしゃり가 축약된 형태인데, 취향, 이상형, 예상 등이 딱 들어맞을 때 '딱 적중함', '딱' 등의 의미로 쓴다. 주로 가타카나인 ドンピシャ로 표기한다.

À Table! ~역사의 레시피를 만들어 먹다~

男 ああ、あの…。送っていただいた本。拝読(はいどく)しました。
女 どうだった？
男 いや、ホントにね。面白かったです。
女 ホント？よかった〜。ほら、前にさ『新青年』の話で盛り上がったでしょ？あれ、ヨシヲ君は絶対刺さると思った。
男 いや、もうドンピシャですよ。

남 아, 저기…. 보내주신 책 읽었어요.
여 어땠어?
남 이야~ 진짜 재밌었어요.
여 정말? 다행이네~. 전에 '신청년' 얘기로 달아올랐잖아? 그거 요시오는 틀림없이 꽂힐 거라고 생각했어.
남 정말, 완전 취향 저격이에요.

어제 뭐 먹었어?

男 ゲイのマッチングアプリに登録して、で、お互い条件が合った相手とちまちまやりとりして、じゃあ、どっかで会いましょうってなるけど、そう簡単にドンピシャな相手に会えるわけじゃない。

남 게이 만남 앱에 등록해서, 서로 조건 맞는 상대와 소소하게 대화를 주고받다가, 그럼 어디서 만나자고 하게 되지만, 그렇게 쉽게 딱 맞는 상대를 만날 수 있을 리가 없죠.

아리무라 카스미의 찰휴

女 架純(かすみ)ちゃんって、めちゃくちゃ俺のタイプなんですけど。
女 ああ…そうなんですか？
男 うん、ドンピシャ。

남 카스미 씨, 완전 제 타입이에요.
여 아… 그래요?
남 응, 딱이에요.

前もって 미리, 사전에
あらかじめ 미리, 사전에

“이사할 때는 미리 알려주세요.”, “미리 말해줬으면 시간 비워놨을 텐데.”처럼 ‘미리’, ‘사전에’라고 할 때 前(まえ)もって라고 표현한다. あらかじめ도 같은 의미로 쓰이는데, 살짝 더 격식을 갖춘 느낌이 있어서 책이나 비즈니스 대화에서 많이 볼 수 있다.

女 うち辞める時は前もって教えてくれる？

여 여기 그만둘 때는 미리 알려줄래?

그랑 메종 도쿄

男1 尾花(おばな)、お前何やってんだよ。急に消えんなよ。連絡ぐらいしろ。

男2 したろ。さっき。

男1 もっと前もってしろよ。

남1 오바나, 너 뭐 하는 거야. 갑자기 사라지지 마. 연락 정도는 하라고.

남2 했잖아. 좀 전에.

남1 더 미리 하란 말이야.

굿모닝 콜

男 菜緒(なお)、テストの時は、ちゃんと前もって勉強しろよ。

여 나오, 시험 볼 때는 미리미리 공부해.

유루캠프

女 あらかじめ切って素揚(すあ)げしといた具材を、ルーで煮込んだ、簡単煮込みカレーです。

여 미리 잘라서 튀겨놓은 재료를 카레루에 넣고 끓인 간단한 카레예요.

셰프는 명탐정

男 あらかじめ言っていただければ、乳製品を全く使ってない料理もお出しできますよ。

女 あっ、いい時代になりましたね。

남 사전에 얘기해 주시면 유제품을 전혀 사용하지 않은 요리도 가능합니다.

여 아, 좋은 세상이 됐네요.

unit 75

先延ばし 뒤로 미룸, 연기함
先送り 뒤로 미룸, 연기함

일의 처리나 해결을 바로 하지 않고 뒤로 미루는 것을 先延(さきの)ばし라고 하고, 先延ばしにする(뒤로 미루다)란 형태로 주로 사용한다. 같은 의미로 先送(さきおく)り도 있고 마찬가지로 先送りにする란 형태로 많이 쓴다.

과보호의 카호코

男 俺は、これからは、うちの問題も先延ばしにしないで、片づけるからな。

남 나는 앞으로 우리 집 문제도 미루지 않고 처리할 거니까.

다음 생에는 제대로 하겠습니다 2

女 私、先延ばし癖あってさ、宿題でもなんでもいつもギリギリだよ。

여 나는 미루는 버릇이 있어서 숙제든 뭐든 항상 빠듯해.

콩트가 시작된다

女 そうやっていっつも答え、先延ばしにして、私たちのこと、真剣に考えてくれてないじゃない！

여 그렇게 언제나 답을 미루고 우리 사이를 진지하게 생각하지 않잖아!

사랑은 계속될 거야 어디까지나

女 結論を先送りにしてたら、いつまでたっても、何も始まらないと思います。

여 결론을 미루면 언제까지 시간이 흘러도 아무것도 시작하지 않을 거예요.

하늘을 나는 타이어

女 ホープ自動車の記事は、こちらの都合で掲(けい)載(さい)されません。先送りでなくボツです。

여 호프 자동차의 기사는 이쪽의 사정으로 게재되지 않습니다. 연기가 아니고 취소예요.

後回し 뒤로 미룸, 뒷전　そっちのけ 뒷전, 제쳐놓음　にのつぎ 두 번째, 뒤로 미룸

後回し(あとまわし)는 '뒤로 미룸', 우선순위에 있어서 '뒷전'이라는 의미이다. 비슷한 표현인 そっちのけ는 '뒷전', '제쳐놓음'이란 뜻이고, 二の次(つぎ)는 '두 번째', '뒤로 미룸'이란 뜻이다.

솔로 활동 여자의 추천

女 気にはなっていたが、ずっと後回しにしていたシリーズその２、ボルダリング、いってみよう！

여 궁금하긴 했지만 계속 미루던 시리즈 2탄 암벽등반, 가보자!

굿모닝 콜

男 吉川(よしかわ)って、自分のこと後回しなんですよ。いつも周りのことばっか考えてて。

남 요시카와는 자기 일은 뒷전이에요. 늘 주변에만 신경 쓰고.

행렬의 여신~ 라면 서유기~

女1 何や、このけったいなつけ麺は？
女2 説明は後回しにして、まずはお召し上がりください。

여1 뭐야, 이 괴상한 츠케멘은?
여2 설명은 나중에 하고, 우선 드셔 보세요.

젊은이들

男 あいつは今、夢がかなってここにいるんです。仕事が始まってから、家事そっちのけで、患者のことしか頭になくて。

남 저 녀석은 지금 꿈이 이뤄져서 여기에 있는 거예요. 일 시작하면서 가사는 뒷전이고 환자밖에 머릿속에 없어요.

연애 니트~ 잊어버리고 있었던 사랑을 시작하는 방법

女 看護師やっててね。夜勤だ何だで忙しくて、恋だの愛だの二の次三の次。

여 간호사를 해서 야근이다 뭐다 바빠서, 연애니, 사랑이니 두 번째, 세 번째로 모두 미뤘어.

想定外 예상 밖　想定内 예상 안　想定する 예상하다

‘상정’이란 한자의 想定(そうてい)는 ‘예상’이란 뜻으로, 뒤에 する가 붙으면 想定する(예상하다)라는 동사 표현이 된다. 일의 결과가 예상한 범위 이내일 때는 想定内(そうていない), 예상 밖의 결과일 때는 想定外(そうていがい)라고 한다.

불량소녀, 너를 응원해!

男　自分の意見を書くだけじゃ、ただの作文だ。小論文では、反対意見も想定したうえで、意見を主張しないと、高得点は望めないぞ。

남　자기 의견을 쓰기만 하는 건 단순한 작문이야. 소논문에서는 반대 의견도 예상해 놓고 의견을 주장하지 않으면 고득점을 바랄 수 없어.

이 사랑 데워드릴까요

女　初日からすごい売れ行きね。想定内？
男　ああ、と言いたいところだが、想定以上だ。

여　첫날부터 엄청 팔리네. 예상했어?
남　그렇다고 말하고 싶은데, 예상 이상이야.

전남친 ← 리트라이

女1　はあ！？和葉(かずは)君にキスされた！？
女2　しぃ～！声、大きい！
女1　ごめん。それは想定外だった。

여1　뭐!? 카즈하가 키스했다고!?
여2　쉿~! 목소리가 커!
여1　미안. 그건 예상 밖이었어.

사랑입니다! ~양키 군과 흰지팡이 걸~

女　そういえばあいつと関わってから、思ってもいない想定外のことばかりだった。

여　그러고 보니 그 녀석이랑 얽히고 나서부터 생각지도 못한 예상 밖의 일 천지였다.

unit 78

案の定 예상대로, 아니나 다를까, 역시
やっぱし 역시

案の定는 자신의 예상이 틀리지 않았을 때 '예상대로', '아니나 다를까', '역시'란 뜻으로 하는 말이다. '역시'란 뜻의 やはり를 구어체에서는 やっぱり 또는 やっぱし라고도 말한다.

절대 그이

男 俺は今、梨衣子とデートの待ち合わせをしています。案の定、梨衣子は遅刻。だけど梨衣子はきっと、俺のためにおしゃれをしてるから遅れてるんだよね。

남 나는 지금 리이코와 데이트하기 위해 기다리고 있습니다. 예상대로 리이코는 지각. 그래도 리이코는 분명 나를 위해 예쁘게 꾸미느라 늦는 걸 거야.

유루캠프 △ 2기

女 案の定、なでしこは電波通じないだけだったけど…。まぁ、何事もなくて何よりだ。

여 역시 나데시코는 신호가 안 잡힌 것뿐이었지만…. 뭐, 아무 일도 없어서 다행이다.

악캐 토모자키 군

女 案の定、しょうもない服装で来たわね。

여 예상대로 볼품없는 복장으로 왔네.

미스 파일럿

男1 飛行機が落ちるっていうのは、やっぱしあの… パイロットに原因があんでしょうかね？

男2 さあ…。ねじ一つで落ちることもあるって言いますからね。

남1 비행기가 추락하는 건 역시 파일럿이 원인일까요?

남2 글쎄요. 나사 하나 때문에 추락하는 경우도 있다고 하니까요.

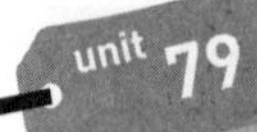

片っ端から 닥치는 대로, 모조리
手あたり次第 닥치는 대로

'닥치는 대로 전화를 걸다', '닥치는 대로 일자리를 구하다', '닥치는 대로 부딪쳐 보다'처럼 따지지 않고 닥치는 대로 무엇을 할 때 片(かた)っ端(ぱし)から라고 한다. 비슷한 표현인 手(て)あたり次第(しだい)도 직역하면 '손에 닿는 대로'이므로 '닥치는 대로'란 뜻이다.

아톰의 도전

女 私、ゲームジャムの時に色んなクリエイターの人と名刺交換したんだよね。きっと手伝ってくれる人がいると思う。

男 じゃあそれ、片っ端から電話していこう。

여 나, 게임 이벤트 때 여러 크리에이터랑 명함 교환했어. 분명 도와줄 사람이 있을 거야.

남 그럼 그거 닥치는 대로 전화해 보자.

디어 시스터

男1 じゃあ、今、仕事、探してんだ？

男2 はい。まあ、簡単には見つかりそうもないですけどね。でもあのう、大学時代の友達みんないいとこ勤めてるんで、片っ端から頼んでみるつもりです。

남1 그럼 지금 일자리 찾고 있겠구나?

남2 네, 쉽게 구해지지는 않겠지만요. 그래도 대학 친구들이 모두 좋은 곳에서 일하고 있어서 닥치는 대로 부탁해 보려고요.

정직 부동산

男 ここ最近、ミネルヴァ不動産に押され気味だから、次の仕事につながるように、手当たり次第、名刺配ってこい！

남 요즘 미네르바 부동산에 밀리는 느낌이 있으니까, 다음 일 건질 수 있도록 닥치는 대로 명함 돌리고 와!

어리고 아리고 여려서

男 交流会で目つけた子たちを呼んで、手当たり次第に、手、出してんだって。

남 교류회에서 점찍은 애들을 불러서 닥치는 대로 손을 댄다고 하네.

誰彼構わず 이 사람 저 사람 안 가리고

誰しも 누구든지, 누구나, 누구라도

'이 사람 저 사람 안 가리고 집적대다', '이 사람 저 사람 안 가리고 대들다'처럼 '이 사람 저 사람 안 가리고'는 誰彼構わず(だれかれかまわず)라고 하는데, 誰彼는 '이 사람 저 사람'이란 뜻이다. '사람은 누구나 비밀이 있다', '누구든 과거가 있다'처럼 '누구든지', '누구나', '누구라도'라고 말할 때는 誰(だれ)しも라고 한다.

男　もしかして有村(ありむら)先生って、お酒を飲むと誰彼構わず女の人を口説くタイプですか？

남　혹시 아리무라 선생님, 술 드시면 이 사람 저 사람 안 가리고 여자 꼬시는 타입인가요?

男　誰彼構わずオーケーすんなよ。
女　いいじゃん。美月(みつき)はみんなに愛されたいんだもん。
男　愛されたいのと誰でもいいのは違うだろ。

남　이 사람 저 사람 안 가리고 받아주지 마.
여　뭐 어때? 미츠키는 모두에게 사랑받고 싶은걸.
남　사랑받고 싶은 거랑 아무라도 좋은 건 다르잖아.

아직 결혼 못하는 남자

女　長年働いてると、誰しも山あり谷ありですよね。実は私も仕事辞めようと思ったことあるんです。

여　오래 일하다 보면 누구나 좋은 일도 있고 나쁜 일도 있죠. 실은 저도 일 그만두려고 했던 적이 있어요.

호리미야

女　誰しも、 他人には見せない一面がある。

여　누구든 남에게는 보이지 않는 일면이 있다.

• Pop Quiz 8 •

자연스러운 문장이 되도록 어울리는 표현을 골라서 적절한 형태로 만들어 넣으시오.

想定外, 先延ばし, 片っ端から, 案の定, 図星, ずばり, 誰彼構わず, ドンピシャ, 後回し, 前もって

1. ＿＿＿＿＿＿ 聞かせて頂きますけれども、彼とはどういう関係なんですか？

2. お姉ちゃん、男の趣味悪過ぎ。＿＿＿＿＿＿ だから言い返せないでしょ。

3. この住み込みのバイト、お前に ＿＿＿＿＿＿じゃない？

4. 来るなら来ると ＿＿＿＿＿＿ おっしゃってくれればよかったのに。

5. 向き合わなきゃいけないことは、逃げたり＿＿＿＿＿＿＿＿＿にしちゃ駄目です。

6. 彼女は自分の気持ちを＿＿＿＿＿＿ にするとこあるから、ちゃんと話を聞いてあげて下さい。

7. そんな驚くほど ＿＿＿＿＿＿ の質問でした!?

8. テストでは ＿＿＿＿＿＿ ひどい点を取った。

9. 予算内で取り扱ってくれる工場、＿＿＿＿＿＿ から探します。

10. 阿波(あわ)おどりの醍醐味(だいごみ)はみんなで ＿＿＿＿＿＿ 一緒に楽しく踊れることだ。

CHAPTER 09

Chapter 8 정답

1. ずばり 2. 図星 3. ドンピシャ 4. 前もって 5. 先延ばし 6. 後回し 7. 想定外 8. 案の定 9. 片っ端 10. 誰彼構わず

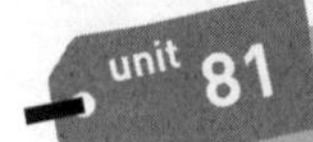

ダメ出し

(잘못을) 지적

상대방의 잘못이나 고칠 데를 지적하는 것을 ダメ出し(だ)라고 하는데, '지적하다'는 ダメだしする라고 하고, '지적 받다'는 ダメだしされる 또는 ダメ出し食(く)らう라고 한다. 한자로 駄目出し로 쓰기도 한다.

꽃보다 남자 2 리턴즈

男 お前、性格、悪々だぞ。
女 性格に関して、君からダメ出し食らいたくないんですけど。

남 너, 성격 진짜 안 좋다.
여 성격에 관해선 너한테 지적받고 싶지 않네요.

프로미스 신데렐라

男 元旦那(だんな)にダメ出しされた料理をなぜ何のちゅうちょもなく俺に押しつけてくる？

남 전남편한테 지적받은 요리를 어째서 조금도 주저하지 않고 나한테 내미는 거지?

그랑 메종 도쿄

男1 何で潮(うしお)さんにダメ出しされたか分かったよ。次はちゃんと接客する。
男2 料理は俺に任せろ。

남1 왜 우시오 씨한테 지적받았는지 알았어. 다음엔 제대로 접객할게.
남2 요리는 나한테 맡겨.

와다가의 남자들

男 最近、あいつも偉くなって、駄目出しする人もいなくなったから、言う事は言っておかないとな。

남 요즘 그 녀석도 지위가 높아져서 지적하는 사람도 없어졌으니, 할 말은 해둬야지.

言い聞かせる

타이르다, 일깨우다, 훈계하다

言い聞かせる는 '이해하도록 잘 알려주다'란 뜻인데, 우리말로는 '타이르다', '일깨우다', '훈계하다' 등의 의미가 된다. 일본에서는 다른 사람을 타이를 때보다도 스스로 마음을 잡으려고 자신을 타이를 때 더 많이 쓰는데, 이럴 때는 '스스로 되뇌다', '자신을 타이르다', '마음에 새기다', '다짐하다'라는 의미가 된다.

하늘을 나는 타이어

女 拓郎のことは私に任せて。よく言い聞かせておくから。

여 타쿠로는 내게 맡겨. 얘기해 둘 테니까.

젊은이들

男 悪いのは全て、弟の保護者である私の責任です。今後、同じ過ちを二度と繰り返さないように、きつく言い聞かせます。

남 잘못한 것은 모두 동생의 보호자인 저의 책임입니다. 앞으로 같은 잘못을 반복하지 않도록 엄하게 훈계하겠습니다.

데이지 럭

女 私は大和さんの事が好きだから、このままで幸せなんだって、自分に言い聞かせてきたけど、すごいしんどかった。

여 나는 야마토 씨를 좋아하니까 이대로 행복하다고 스스로 되뇌어 왔지만 많이 힘들었어.

핫 마마

女 子供がいなくても幸せな人たちはたくさんいるし、私には仕事があるって言い聞かせた。でもやっとこの子が来てくれたの。私はどうしてもこの子が産みたいの。

여 아이가 없어도 행복한 사람은 많고 나에게는 일이 있다고 스스로 되뇌었어. 그런데 마침내 이 아이가 와줬어. 나는 꼭 이 아이를 낳고 싶어.

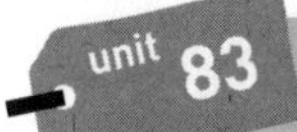

何が何でも 어떤 일이 있어도, 어떻게 해서든, 누가 뭐래도
なんといっても 뭐니 뭐니 해도

"어떤 일이 있어도 마감 시간 안에 끝내겠어.", "어떻게 해서든 이길 거야.", "누가 뭐래도 성공할 거야." 이렇게 '어떤 일이 있어도', '어떻게 해서든', '누가 뭐래도'라는 의미로 何(なに)が何(なん)でも라고 한다. 비슷해 보이는 なんといっても는 '뭐니 뭐니 해도'란 뜻이다.

디어 시스터

女 じゃあ、結婚したら子供欲しい？
男 まあ。
女 何が何でも欲しい？店長の人生に子供いないと駄目？奥さんより子供の方が大事？

여 그럼 결혼하면 아이 갖고 싶어?
남 뭐.
여 무슨 일이 있어도 갖고 싶어? 점장님 인생에 아이가 없으면 안 돼? 아내보다 아이가 중요해?

집을 파는 여자

男 何が何でも30歳になる前に結婚させたいんだ。

남 어떻게 해서든 서른이 되기 전에 결혼시키고 싶어.

나를 위한 한끼 ~포상밥~

女 うわぁ～！これが味噌カツか。うん…、食欲をそそる香り。
男 うまいぞ！なんといっても名古屋名物だからな。

여 우와~! 이게 미소카츠구나. 음… 식욕 돋우는 냄새.
남 맛있지! 뭐니 뭐니 해도 나고야의 명물이니까.

오늘 밤은 코노지에서 시즌 2

男 ここのオススメは、なんといっても焼酎ですよ。

남 이곳의 추천은 뭐니 뭐니 해도 소주예요.

何でもかんでも 뭐든 다　何もかも 모두, 죄다　何なりと 무엇이든지

何(なん)でもかんでも는 '이것저것 모든 것 다'라는 의미로, '뭐든 다 혼자 떠안으려고 한다', '뭐든 다 맘대로 결정해버린다' 등과 같이 말할 때 '뭐든 다'라는 의미로 사용한다. 비슷한 표현으로 何(なに)もかも도 있고, 질문이나 부탁 등 할 말이 있다는 상대방에게 무엇이든 해보라고 할 때 何(なん)なりと라고 하기도 한다.

아틀리에

女 バカね。1人で何でもかんでもしようとするなんて。	여 바보 같기는. 혼자서 뭐든 다 하려고 하다니.

사랑하고 사랑받고 차고 차이고

男 大体… お前が聡太(そうた)を甘やかすから、こんなことになるんだろ！	남 애초에 당신이 소타를 오냐오냐 키워서 이렇게 된 거잖아.
女 何でもかんでも私のせいにしないでよ！	여 뭐든 다 내 탓으로 돌리지 마!

핫 마마

男 何もかも完璧にやろうなんて、思わなくていいよ。いろんな夫婦がいて、いろんな子育てがあるんだから。	남 뭐든 다 완벽하게 하지 않아도 돼. 다양한 부부가 있고 다양한 육아가 있으니까.

정직 부동산

男 どうされました？	남 어쩐 일이세요?
女 ちょっと永瀬(ながせ)さんに相談があって。	여 나가세 씨에게 상의할 게 좀 있어서요.
男 はい、何なりと。	남 네, 무엇이든지.

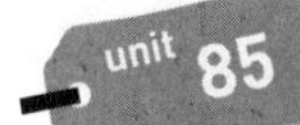

unit 85 あれこれ 이것저것, 이렇다 저렇다 かれこれ 이래저래, 이러니저러니 そんなこんな 이것저것, 이런저런

あれこれ는 직역하면 '저것이것'인데, 우리말로 '이것저것', '이렇다 저렇다'란 의미로, '이것저것 생각하다', '이렇다 저렇다 말이 많다'와 같이 말할 때 쓴다. 발음이 비슷한 かれこれ는 '이래저래', '이러니저러니'란 뜻으로, 몇 년이나 몇 시간 등 세월이나 시간의 흐름을 얘기할 때 많이 쓰고, そんなこんな는 '이것저것', '이런저런'이란 뜻이다.

저, 운명의 사람입니다

男 あれこれ考え過ぎずに、全部ホントだって信じたら楽になるぞ。

남 이것저것 너무 생각하지 말고, 전부 사실이라고 믿으면 편해져.

선술집 바가지

女 そうそう、お姉ちゃんはね、あれこれ気にしすぎ。そんなに心配してると、しわが増えるよ。

여 맞아, 언니는 이것저것 신경을 너무 써. 그렇게 걱정이 많으면 주름 늘어나.

아직 결혼 못하는 남자

女 私たち、つきあってます。桑野(くわの)さんにあれこれ言われるのが嫌で、隠してましたけど。

여 우리 사귀고 있어요. 쿠와노 씨에게 이렇다 저렇다 소리 듣는 게 싫어서 숨기고 있었지만요.

실연 쇼콜라티에

男 俺、ずっと好きな人がいてさ。もうかれこれ12年。

남 나 쭉 좋아하던 사람이 있는데. 벌써 이래저래 12년째.

꽃보다 남자

男 今日はそんなこんなで、そっちには顔出せねーんだ。

남 오늘은 이런저런 일로 그쪽에는 갈 수 없어.

unit 86

しらばっくれる 알면서도 모르는 체하다, 시치미 떼다
しらを切る 시치미 떼다, 모르는 체하다

しらばくれる는 '알면서도 모르는 체하다', '시치미 떼다'란 뜻으로, 보통 힘줌말인 しらばっくれる로 쓰는 경우가 훨씬 많다. 같은 의미로 しらを切(き)る(シラを切る), とぼける, 知(し)らんぷり도 있다.

3학년 A반

男1 お前さ、景山澪奈(かげやまれいな)と付き合ってんの？
男2 あ…いや、あの…ただのクラスメートです。
男1 しらばっくれてんじゃねえぞ。

남1 너 카게야마 레이나랑 사귀냐?
남2 아, 아뇨. 그냥 반 친구예요.
남1 시치미 떼지 마.

마루모의 규칙

男1 おっ、高木(たかぎ)さん。おめでとうございます。
男2 えっ？何の話だよ。
女 しらばっくれても無駄よ。いい話だったんでしょ？

남1 어, 타카기 씨. 축하합니다.
남2 뭐? 무슨 얘기야?
여 모른 척해도 소용없어. 좋은 얘기 있었지?

사랑 따위 진심으로 해서 어쩌려고?

男 純(じゅん)の髪留め捨てたの、お母さん？
女 何のこと？
男 ふっ、だめだよ。しら切ってもわかるから。常習犯(じょうしゅうはん)だもんね、お母さん。

남 쥰의 머리핀 버린 거 엄마야?
여 무슨 소리야?
남 그럼 안 돼. 시치미 떼도 다 아니까. 상습범이잖아 엄마.

그래서 저는 픽했습니다

女 ハナに八つ当たりをしたことは気にはなっていたんですけど、でももう、二度と会うこともない人ですし、このまま知らんぷりしておこうって、思ってたんです。

여 하나에게 화풀이한 게 신경 쓰이긴 했지만, 두 번 다시 볼 일 없는 사람이고, 이대로 모른 척하자 싶었죠.

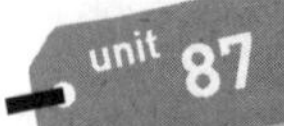

unit 87 はぐらかす 얼버무리다, 어물어물 넘기다, 따돌리다

ごまかす 얼버무리다 ちゃかす 농담으로 돌리다

はぐらかす는 '얼버무리다', '어물어물 넘기다'란 뜻도 있고, '(따라오지 못하게) 따돌리다'란 의미도 있다. ごまかす도 '얼버무리다'란 뜻으로 많이 쓰고, 비슷해 보이는 ちゃかす는 '농담으로 돌리다'란 뜻이다.

데이지 럭

女 ねえ、私の事、好き？
男 うん？
女 ほほ笑まないで！あなたの真剣な表情が見たいの。はぐらかさないで。

여 저기, 나 좋아해?
남 응?
여 미소 짓지만 말고! 당신의 진지한 표정이 보고 싶다고. 어물어물 넘기지 마.

새벽의 젊은이들

男 やっと来てくれてうれしいよ。ずっとはぐらかすんだもん。

남 마침내 와줘서 기뻐. 계속 따돌렸었잖아.

꾸미는 사랑에는 이유가 있어

女 何かあったでしょ？ごまかさないで話して。

여 무슨 일 있었지? 얼버무리지 말고 얘기해 봐.

청춘 신데렐라

女 好き！ずっとずっと、何年たっても、会わなくなっても、ずっと長谷川(はせがわ)君だけが好き。
男 えっ… それって、プロポーズ？
女 ちゃかさないでよ。私の気持ち、わかってて言わせたんでしょ？

여 좋아해! 쭉 몇 년이 지나도, 만날 수 없게 되어도, 계속 하세가와만 좋아.
남 뭐, 그거 프러포즈야?
여 농담으로 돌리지 마. 내 마음 알면서 말하게 한 거잖아?

ばっくれる 빼먹다, 잠수타다, 도망치다
すっぽかす 팽개치다, 바람맞히다

ばっくれる 또는 バックレる는 할 일을 하지 않고 달아나거나 모습을 감출 때 쓰는데, 상황에 따라 '빼먹다', '제끼다', '째다', '잠수타다' 등의 의미가 된다. 비슷한 표현으로 すっぽかす는 할 일이나 약속을 팽개칠 때 쓰는데, 상황에 따라 '팽개치다', '바람맞히다' 등의 의미가 된다.

 **일본인이 모르는 일본어**

男 あっ、ハルコ！昨日、補習(ほしゅう)授業ばっくれただろ。

남 아, 하루코! 어제 보충 수업 짼지?

 **아내, 초등학생이 되다**

女 初めての連載、ばっくれちゃったのは、その人が死んじゃったせい?

여 첫 연재 앞두고 잠수탄 건 그 사람이 죽었기 때문이야?

 **유토리입니다만, 무슨 문제 있습니까?**

男 親父の四十九日だって、ウソをついて、バックレました。送別会。

남 아버지 49재라고 거짓말하고 송별회에서 도망 나왔어요.

 **일본인이 모르는 일본어**

男 やる気あるのか、お前は！？教師が補習(ほしゅう)すっぽかすなんて。これ、前代未聞ですよ！

남 할 마음이 있는 거야, 너!? 교사가 보충 수업을 팽개치다니, 이거 전대미문이에요!

 **도쿄 독신 남자**

男 すっぽかしたの？そのデート相手。
女 デートじゃない。上司。

남 바람맞힌 거야? 그 데이트 상대.
여 데이트 아니야. 상사.

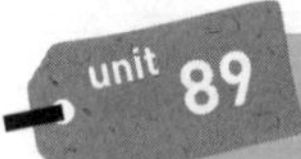

油を売る 수다로 헛시간을 보내다, 농땡이 부리다
サボる 땡땡이치다, 농땡이 부리다

油(あぶら)を売(う)る는 '수다로 헛시간을 보내다', '농땡이 부리다'란 뜻인데, 예전에 머릿기름을 파는 상인이 손님과 수다를 떨면서 판매하던 데서 유래되었다고 한다. 비슷한 표현인 サボる는 프랑스어 sabotage에서 왔는데, '땡땡이치다', '째다', '농땡이 부리다'란 뜻으로, 학교/회사/학원/동아리 등 해야 할 일을 빼먹거나 게을리할 때 쓴다.

드래곤 사쿠라

女	あッ、いつまでもそんなとこで、油売ってないで、早く帰りなよ。	여	아, 언제까지 거기서 농땡이 부리지 말고 빨리 돌아가.

굿모닝 콜

男	吉川(よしかわ)！いつまで油売ってんだ。早くしろ。	남	요시카와! 언제까지 잡담할 거야. 빨리 해.

너에게 닿기를

男	何、油売ってんだ。死ぬ気で勉強するんじゃなかったのか。	남	뭘 농땡이 부리고 있어? 죽을 힘으로 공부하는 거 아니었어?

시모베에

男	学校サボって遊びに行こうよ。	남	학교 땡땡이치고 놀러 가자.

퍼스트 러브 하츠코이

女	あっ、ちょっとサボって、昼寝しようと思ってただけですから。	여	아, 잠깐 농땡이 부려 낮잠 자려고 한 것뿐이니까요.

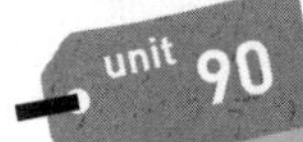

はぐれる

일행을 놓치다, 일행과 떨어지다

축제, 행사장, 관광지, 쇼핑센터 등 인파가 많은 곳에서 일행을 놓치거나, 일행과 떨어지게 된 경우에 '일행을 놓치다', '일행과 떨어지다'란 의미로 はぐれる를 쓴다.

사랑하고 사랑받고 차고 차이고

女 我妻君(わがつま)、一人？
男 友達とはぐれちゃって。

여 아가츠마, 혼자야?
남 친구를 놓쳐버려서.

프로미스 신데렐라

女1 菊乃(きくの)さんもいらしてたんですね。誰かとご一緒ですか？
女2 ええ、でも、この人混みではぐれちゃって。

여1 키쿠노 씨도 오셨군요. 누구랑 함께 오셨나요?
여2 네, 근데 사람이 많아서 놓쳐버렸어요.

일주일간 친구

男 藤宮(ふじみや)さん、携帯ないから、はぐれたら、もう会えないかと思って、焦ったよ。

남 후지미야 씨는 휴대폰이 없으니까 떨어지면 이제 못 만나나 싶어서 걱정했어.

메리 미!

男 もしかして今、俺のこと捜してました？
女 当たり前じゃないですか。はぐれたら捜しますよ。

남 혹시 방금 나 찾았어요?
여 당연하죠. 일행을 놓쳤으면 찾아야죠.

사랑하고 사랑받고 차고 차이고

男 あれ？山本さんがはぐれた。捜してくる。

남 어? 야마모토 씨 놓쳤다. 찾아올게.

• Pop Quiz 9 •

 자연스러운 문장이 되도록 어울리는 표현을 골라서 적절한 형태로 만들어 넣으시오.

何でもかんでも, 油売る, バックレる, あれこれ, しらばっくれる, はぐれる, ダメ出し, 何が何でも, 言い聞かせる, はぐらかす

1. せっかくチャンスもらえても、ちょっと ________ されたら投げ出すんだから。

2. 俺もあいつに負けらんないな、頑張んなきゃなって ________ てた。

3. 自分がやるって言いだしたからには ________ 間に合わせなきゃ。

4. こいつはね、英会話に、社交ダンスに、ガーデニング… ________ 手を出すの。

5. 終わったことを ________ 弁解してもしかたがない。

6. 彼女も認めましたよ。もう ________ もムダですからね。

7. 部長に退職願を出したんだけど、いつもの調子で ________ された。

8. ここ、狭くて窮屈でうるさいし、________ ない？

9. こんなとこで ________ ねえで早く帰んな。

10. あの子、3歳だろ？親と ________ ら泣くんじゃない？

CHAPTER 10

91 ハブる

92 もうちょい/ちょこっと/ちょっぴり

93 ちょいちょい/ちょくちょく/ちょこちょこ

94 頻繁に/しばしば/度々

95 しょっちゅう/常々

96 シャキッとする

97 ビシッと/こっぴどい

98 ガツンと言う

99 思い切って

100 むやみに/やたら

Chapter 9 정답	1. ダメ出し 2. 言い聞かせ 3. 何が何でも 4. 何でもかんでも 5. あれこれ 6. しらばっくれて 7. はぐらか 8. バックレ 9. 油売って 10. はぐれた

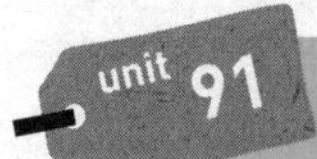

ハブる

따돌리다, 왕따시키다

ハブる는 '따돌리다', '왕따시키다'란 뜻으로, ハブ는 따돌림당하는 사람을 의미한다. '따돌림'은 仲間外れ(なかまはずれ)라고 하는데, '괴롭힘'을 뜻하는 いじめ와는 차이가 있다.

딸바보 청춘백서

男1 ガタローさん、どうしたんですか？
男2 女子にハブられた。

남1 가타로 씨, 무슨 일 있나요?
남2 여자들한테 따 당했어.

리미트

女1 神矢(かみや)、マジで何なの？ムカツクんだけど。
女2 ハブる？
女1 アイツ、いつも一人じゃん。

여1 카미야 진짜 뭐야? 열받게 하는데.
여2 따 시킬까?
여1 걔, 맨날 혼자잖아.

별이 내리는 밤에

女 こんな寒い日に、外でランチしなきゃいけないぐらい、あなたはこの病院でハブられてるのかい？

여 이렇게 추운 날에 밖에서 점심을 먹어야 할 정도로 당신은 이 병원에서 따돌림당하는 거야?

과보호의 카호코

女 あっ、ちょっとごめんね。ママからだ。
男 なんだって？
女 久しぶりに外でご飯食べないかって、２人で。
男 えっ、パパはハブかよ？

여 아, 잠깐만. 엄마한테서 (문자)다.
남 뭐래?
여 오랜만에 밖에서 밥 먹지 않겠냐네, 둘이서.
남 뭐, 아빠는 왕따야?

もうちょい 조금만 더 ちょこっと 조금, 살짝 ちょっぴり 조금

ちょい 또는 ちょいと는 '조금', '잠깐'이란 뜻으로, ちょい役(やく)는 '단역'을 의미한다. もうちょい는 '조금만 더'란 뜻인데, もうちょい右(좀 더 오른쪽), もうちょい下(좀 더 아래)처럼 위치를 설명할 때도 많이 쓰고, 무엇이 다 되어가는지 묻는 질문에 もうちょい(조금만 더)라고 대답하기도 한다. 이 외에도 '조금', '살짝'이란 뜻의 ちょこっと도 있고, '조금'이란 뜻의 ちょっぴり는 ちょっぴりうれしい(조금 기쁘다), ちょっぴり寂しい(조금 허전하다), ちょっぴり不安(살짝 불안)처럼 감정을 표현할 때 많이 쓴다.

오늘 밤은 코노지에서

男 帰る前に、ちょいと、1杯と思いましてね。寄りました。

남 돌아가기 전에 잠깐 한잔하려고 들렀습니다.

멘탈 강한 미녀 시라카와 씨

男 梅本(うめもと)はもうちょい後輩に優しくしろよ。

남 우메모토는 후배에게 좀 더 부드럽게 대해줘.

훈제요리 라이프

女 ね、このベーコン、まだ余ってる？
男 だいぶ使っちゃったから、ちょこっとだけしか。
女 ちょこっとあれば十分。

여 저기, 이 베이컨 아직 남았어?
남 꽤 써버려서 조금밖에 없어.
여 조금 있으면 충분해.

다음 생에는 제대로 하겠습니다

女 檜山(ひやま)さんが遠い存在になっちゃいそうで、ちょっぴりさみしい。

여 히야마 씨가 멀어질 것 같아서 조금 슬퍼요.

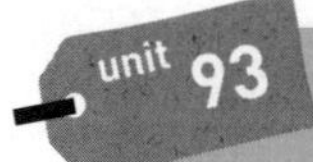

ちょいちょい 종종, 이따금, 자주, 자꾸
ちょくちょく 가끔　ちょこちょこ 종종

약간의 간격을 두고 같은 일이 반복되어 일어나는 것을 ちょいちょい라고 하는데, 문맥에 따라 '종종', '이따금', '자주', '자꾸' 등의 의미가 된다. 비슷한 의미로 ちょくちょく와 ちょこちょこ도 있다.

男　おめえ、ここんとこ、ちょいちょい帰り遅えよな。
女　いいじゃん。こうやってちゃんと帰ってきてんだから。

남　너 요즘 들어 자주 귀가하는 게 늦다?
여　뭐 어때? 이렇게 제대로 집에 돌아오는데.

딸바보 청춘백서

女　根来(ねごろ)君…、ホント、あたおかだね。
男　さっきから、ちょいちょい出てくる「あたおか」ってなに？
女　「頭おかしい人」

여　네고로, 진짜 '아타오카'구나.
남　아까부터 자꾸 등장하는 '아타오카'가 뭐야?
여　머리가 이상한 사람.

男　またちょくちょく食事とかしましょうよ。

남　또 가끔 식사라도 같이 해요.

사일런트

男　姉ちゃんもちょこちょこ帰ってよね。お母さんの話し相手してよね。

남　누나도 종종 집에 와. 엄마 말상대 해드려.

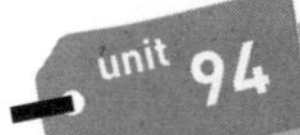

頻繁に 자주, 빈번하게 しばしば 흔히, 종종, 자주 度々 여러 번, 몇 번이고, 자주

'빈번'이란 한자인 頻繁(ひんぱん)은 頻繁に란 형태로 '자주'란 뜻으로 일상에서 많이 사용한다. 비슷한 표현으로 '흔히', '종종', '자주'란 뜻의 しばしば도 있고, '여러 번', '몇 번이고', '자주'란 뜻의 度々(たびたび)도 있다.

아내, 초등학생이 되다

女 私だって、色々あるんだから。そんな頻繁にLINE、送らないでよ。分かった？

여 나도 이래저래 바쁘다니까. 그렇게 자주 라인 보내지 마. 알았어?

자전거집 타카하시 군

女1 てか、あんた、また実家帰んの？
女2 うん。
女1 そんな無理して頻繁に帰ることなくない？

여1 그보다 너 또 본가에 가?
여2 응.
여1 그렇게 무리해서 자주 갈 필요는 없지 않나?

여고생의 낭비

男 女子高に赴任するという事だけで、しばしば周囲から羨望(せんぼう)のまなざしを向けられる事がある。

남 여고에 부임한 것만으로도 종종 주위에서 부러운 눈으로 보는 경우가 있지.

사랑이 뭘까

女 旅行から帰ったあとも、度々すみれさんから連絡があった。そのたびに私はマモちゃんを呼んだ。マモちゃんからも頻繁にではないけど連絡があった。

여 여행에서 돌아온 후에도 여러 번 스미레 씨한테서 연락이 왔다. 그때마다 나는 마모를 불렀다. 마모한테도 자주는 아니지만 연락이 왔다.

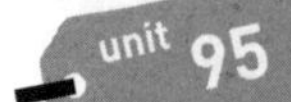

しょっちゅう 자주, 걸핏하면, 툭하면, 뻑하면

常々 평소, 언제나, 늘

사전에는 しょっちゅう가 '언제나', '늘', '노상'이라고 나오지만, 실생활에서는 쉽게 자주 일어나는 일을 말할 때 '자주', '걸핏하면', '툭하면', '뻑하면' 등의 의미로 많이 쓰인다. '평소', '언제나', '늘'이란 의미로 쓰이는 단어로는 常々(つねづね)가 있다.

커피, 어떠신지요

女 2人、やけに距離近くない？
男 なんか、しょっちゅう飲みに行ったりしてるらしいよ。村下(むらした)さんとネネモちゃん。

여 두 사람 사이가 무척 가까워 보이지 않아?
남 자주 같이 마시러 다니고 한대. 무라시타 씨랑 네네모.

사랑은 계속될 거야 어디까지나

女 私は毎日、失敗ばかりで、看護師なんて向いてない、辞めた方がいいんじゃないかって、しょっちゅう思います。

여 저는 매일 실수만 하고 '간호사가 맞지 않아', '그만두는 게 좋지 않을까' 하고 걸핏하면 생각합니다.

도쿄 제면소

女 さみしくなりません？私なんて、しょっちゅう地元に帰りたくなるけど。

여 외롭지 않나요? 저는 툭하면 고향에 돌아가고 싶어지는데.

결혼한다는데 정말입니까

女 私はもともと、得意な英語を武器として、海外勤務にチャレンジすることを常々考えていました。

여 저는 원래 특기인 영어를 무기로 해외 근무에 도전하는 것을 늘 생각하고 있었습니다.

unit 96

シャキッとする

자세/태도/정신을 똑바로 하다, 아삭아삭하다

シャキッと는 자세나 정신이 똑바르고, 야무지고, 말짱한 모양을 의미하고, 아삭아삭한 식감을 뜻하기도 한다. 그래서 해이하고 흐리멍덩한 정신이나 마음, 자세를 똑바로 한다고 할 때 シャキッとする라고 한다.

넘버 MG5

男 おい、おめえよ。男なんだからもっとシャキッとしろよ。シャバ過ぎんだよ。

남 야, 너. 남자니까 좀 더 똑바로 해. 약해 빠졌잖아.

스윙걸즈

男 みんな、まだ夏休みボケの顔してるぞ。シャキッとしろ。

남 다들 아직 여름방학의 흐리멍덩한 얼굴을 하고 있어. 똑바로 정신 차려.

부서져 흩어지는 모습을 보여줄게

男 あんまり背中丸めて下ばっか見てないで、シャキッと前向いてさ、んで、声ももっとできるだけはっきり出そうぜ。

남 너무 웅크리고 땅만 보지 말고 똑바로 앞을 보고, 말도 가능한 한 더 분명하게 하도록 해보자.

11명이나 있어!

男 いや~、ネクタイするとシャキッとするよね。

남 이야~ 넥타이 맸더니 의욕이 넘치네.

어제 뭐 먹었어?

男 シロさんのナポリタンも好きだよ。玉ねぎシャキッとしてて、あれもおいしいよ。

남 시로 씨의 나폴리탄도 좋아해. 양파가 아삭아삭해서 그것도 맛있어.

ビシッと 따끔하게, 행동이나 모습이 빈틈없는 모양
こっぴどい 호되다

ビシッと는 행동이나 모습이 빈틈없는 모양, 엄격한 모습 등을 의미한다. ビシッとする, ビシッと決める라고 하면 '똑 부러지게 행동하다', '완벽하게 처리하다', '단호하게 결판내다' 등의 의미가 되고, ビシッと言う는 '따끔하게 말해주다'란 의미이다. 비슷한 표현으로 '호되다'란 뜻의 こっぴどい는 こっぴどく叱られる(호되게 혼나다), こっぴどく振られる(심하게 차이다)처럼 사용한다.

 결혼 못하는 남자

女 ああ、先生。桑野さんに話していただけましたか？あのままお肉食べてると、病気になりますよ。

男 ビシッと言っときました。昔から世話のかかるヤツでね。

여 아, 선생님. 쿠와노 씨에게 말해 주셨나요? 그 상태로 고기 먹으면 병날 거예요.

남 따끔하게 말해줬습니다. 옛날부터 손이 많이 가는 녀석이라.

 3학년 A반

女 ねえ、澪奈がホレた男なんだから、もっとビシッとしなよ。

여 넌 레이나가 반한 남자니까 더 똑 부러지게 행동해.

 아이즈

男 最近、葦月に対しての態度、１年くらい前の感じに戻ってんぞ。いいかげん、そろそろビシッと決めろよ。

남 요즘 요시즈키를 대하는 네 태도가 1년 전으로 되돌아갔어. 이제 그만 확 붙잡아 봐.

 아내, 초등학생이 되다

女 あなたが携帯電話をなくした上に迷子になったせいで、私と麻衣にこっぴどく怒られたわよね。

여 당신이 휴대폰을 잃어버리고 길을 헤매는 바람에 나랑 마이한테 호되게 혼났었잖아.

unit 98

ガツンと言う

따끔하게 말하다

ガツン은 단단한 물건이 세게 부딪치는 소리를 나타내는데, ガツンと라고 하면 '기세 좋게 일을 행하는 모양'을 뜻해서 상황에 따라 '따금하게', '확', '훅' 등의 의미가 된다. ガツンと言う는 '따끔하게 말하다'란 뜻이고, ガツンとくる는 강한 맛이 확 느껴질 때 '훅 들어온다', '톡 쏜다'란 의미로도 쓰고, 어떤 느낌이나 감정이 강하게 가슴을 자극할 때도 쓴다.

오늘은 회사 쉬겠습니다

男 だからガツンと言ってやったんだよ。そんな悩むような恋愛すんだったら、次の女、探せって。

남 그래서 따끔하게 말해줬어. 그렇게 고민하는 연애할 바에는 다음 여자 찾으라고.

이시코와 하네오 -그런 일로 고소합니까?-

女 これは父が買ってきた緑茶です。カテキンが多いのを選んだとかで。

男 体によさそうな味ですけど、ガツンときますよね。

여 아빠가 사온 녹차예요. 카테킨이 많은 걸 골랐다는 것 같아요.

남 몸에 좋은 맛 같은데, 훅 들어오네요.

꽃보다 남자

男 牧野(まきの)、俺さ。お前のそういうとこ、すげー好きだったよ。俺には持ってない強さがさ。ガツンときた。このままで良い訳ないってさ。

남 마키노, 난 말이야. 너의 그런 점이 엄청 좋았어. 나한테는 없는 강인함 말이야. 확실히 깨달았어. 이대로 괜찮을 리 없다고.

집을 파는 여자

女 もう大体あんた、何やってんのよ。同じ会社なんだから、何とかしなさいよ。あの偉そうな美人上司をガツンとやっつけなさいよ。

여 아니 대체 당신 뭐 하고 있는 거야? 같은 회사니까 어떻게 좀 해봐. 그 잘난 미인 상사 확 혼쭐을 내줘.

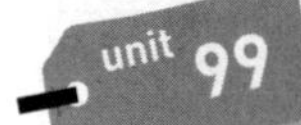

思い切って

과감하게, 용기 내서, 큰맘 먹고, 눈 딱 감고

思(おも)い切(き)る는 '단념하다', '결심하다', '각오하다'란 뜻인데, 思(おも)い切(き)って라는 형태로 해서 '과감하게', '용기 내서', '큰맘 먹고', '눈 딱 감고'란 뜻으로 많이 쓴다. 思い切った는 '과감한', '대담한'이란 뜻이다.

 유니콘을 타고

女1 そこで、短期間でユーザーを増やすための宣伝(せんでん)のアイデアをみんなにも考えてほしいと思って。

女2 じゃあ、思い切ってインフルエンサーマーケティングにチャレンジしてみる？インフルエンサーにアプリを紹介してもらうの。

여1 그래서 단기간에 사용자를 늘리기 위한 홍보 아이디어를 모두 생각해 보면 좋을 것 같아.

여2 그럼 과감하게 인플루언서 마케팅에 도전해 볼까? 인플루언서에게 앱을 소개해달라고 하는 거야.

 사랑 따위 진심으로 해서 어쩌려고?

女 生まれ変わったってイメージを作るために、思い切って１度店を閉めて、リニューアルオープンするっていうのはどうですか？

여 다시 태어났다는 이미지를 만들기 위해 과감하게 한번 가게를 닫았다가 리뉴얼 오픈 하는 건 어때요?

 나를 위한 한끼 ~포상밥~

女 真っ赤っかなスンドゥブチゲも、思い切って食べたらおいしかったでしょ？

여 새빨간 순두부찌개도 용기 내서 먹어 보니 맛있잖아?

 나기의 휴식

男 あんたがコインランドリー経営？思い切ったもんだわね。

남 네가 코인 빨래방을 운영한다고? 과감한 결정이네.

unit 100

むやみに 함부로, 무턱대고
やたら 마구, 쓸데없이, 괜히

むやみ는 생각 없이 함부로 행동하는 모양을 말한다. 보통 '함부로', '무턱대고'란 뜻으로 むやみに란 형태로 많이 쓴다. 비슷하게 '함부로'란 의미를 담고 있는 やたら는 우리말로 '마구', '쓸데없이', '괜히'란 뜻으로 자주 쓰인다.

멘탈 강한 미녀 시라카와 씨

女 証拠もなしにむやみに疑うのは、これ、だめでしょう！

여 증거도 없이 함부로 의심하는 것은 안 되죠!

건강하고 문화적인 최저한도의 생활

男 利用者の気持ちに寄り添うことは大切です。でも私たちは事実を基に判断することが必要であって、むやみにかばうこととは違います。

남 이용자의 마음에 다가가는 것은 중요합니다. 하지만 우리는 사실을 근거로 판단할 필요가 있고, 무턱대고 감싸는 것과는 다릅니다.

리미트

女 助かりたいなら、事故現場の近くで動かないのがいちばんよ。知らない森でむやみに歩き回るなんて自殺行為。

여 살고 싶으면 사고 현장 가까이서 움직이지 않는 게 제일이야. 모르는 숲에서 함부로 막 돌아다니는 건 자살행위야.

정직 부동산

女1 昨日の合コン、最低でしたね。
女2 全員、やたらカタカナ英語、使ってたよね。

여1 어제 미팅 최악이었네요.
여2 모두 외래어 마구 썼었잖아.

사랑 따위 진심으로 해서 어쩌려고?

女 主婦って時間があるから、何か、やたら凝(こ)った料理、作っちゃうんですよね。

여 주부는 시간이 많으니까 왠지 괜히 공들인 요리를 만들어 버려요.

• Pop Quiz ⑩ •

 자연스러운 문장이 되도록 어울리는 표현을 골라서 적절한 형태로 만들어 넣으시오.

> ビシッと, 頻繁, ガツンと, ちょい, やたら, シャキッと, ハブる, 思い切って, ちょいちょい, しょっちゅう

1. 中学生のとき、生意気だって ______________ られた。

2. A: もう ______________ 飲んじゃうか？

   B: う～ん、じゃあ、もう ______________ 。

3. あんたさ、何でさっきから ________________ 上から目線なわけ？

4. 前より ______________ に実家に帰って、顔見せるようにしてます。

5. 学生時代、みんなで ______________ 一緒に遊んでた。

6. また、ぼ～っとしてんのか。 ______________ しろ！

7. いつになったら、先輩みたいに ______________ きめてプレゼンできるんだろう。

8. こいつ、女のコの気持ち分からないらしいから、 ____________ 教えてやってちょうだい！

9. ______________ 告白したら、あっさりフラれた。

10. あんた達、さっきから何なの？ ________________ 仲よくない？

CHAPTER 11

Chapter 10 정답	1. ハブ 2. ちょい 3. ちょいちょい 4. 頻繁 5. しょっちゅう 6. シャキッと 7. ビシッと 8. ガツンと 9. 思い切って 10. やたら

無性に 괜히 막
無駄に 쓸데없이

오늘따라 술이 막 당긴다든지, 문득 외로운 기분이 든다든지, 어떤 모습을 보고 괜히 화가 난다든지, 이렇게 왠지 모르게 갑자기 어떤 감정이 마구 들 때 無性(むしょう)に라고 한다. 똑같은 無性に라도 그 감정의 강한 정도는 상황마다, 사람마다 다를 수 있다. 참고로 '헛되이'란 뜻의 無駄(むだ)に를 '쓸데없이'란 의미로 쓰기도 한다.

그게 아닌 쪽의 그녀

女 最近、よくお土産、買ってきてくれるよね。この前はプリンでしょ。その前はケーキ。
男 いや、無性に甘いもんが食べたくなるんだよね。

여 요즘 자주 간식 사 오네. 요전에는 푸딩. 그전에는 케이크.
남 아니, 괜히 막 단 게 먹고 싶어지더라고.

내가 연애할 수 없는 이유

女1 何か、最近、真っ暗な部屋に帰るのが無性にさみしくって。
女2 えー?意外!咲(さき)でもそんなことあるんだね。

여1 왠지 요즘 캄캄한 방으로 돌아가는 게 괜히 막 쓸쓸해서.
여2 뭐? 의외네! 사키도 그런 거 있구나.

청춘 신데렐라

女 なんだか、無性に腹が立ったの。美月(みつき)ちゃんから渡された写真に写ってたのが、私と同レベルの地味女で…、なんでこの人の恋愛を無関係の私が応援しなきゃいけないんだろうって。

여 왠지 괜히 막 화가 났어. 미츠키가 건네준 사진에 찍혀 있던 게 나와 비슷한 수수한 여자인데…, 왜 이 사람의 연애를 아무 관계도 아닌 내가 응원하지 않으면 안 되는 거지 하고.

프로미스 신데렐라

男 この家さ、無駄に広くて部屋余ってるから、しばらく住まわせてやるよ。

남 이 집은 쓸데없이 넓어서 방이 남으니까 당분간 살게 해줄게.

我ながら

나 스스로도, 내가 생각해도, 내가 한 일이지만

자기가 생각해도 자신이 한 일이 매우 만족스러워서 감탄하거나, 반대로 너무 심해서 믿을 수 없거나 어이가 없을 때 '나 스스로도', '내가 생각해도', '내가 한 일이지만'이란 뜻으로 我(われ)ながら라고 한다.

 **도망치는 건 부끄럽지만 도움이 된다**

男 みくりさんを住み込みで雇用することは、我ながら信じられないほどに思い切った決断だった。

남 미쿠리 씨를 더부살이로 고용한 것은 나 스스로도 믿을 수 없을 정도로 과감한 결단이었다.

 **로맨틱 킬러**

女 イケメンと一緒に暮らす夢見るとか、我ながら痛すぎる。

여 꽃미남과 함께 사는 꿈을 꾸다니, 내가 생각해도 너무 서글프다.

 **솔로 활동 여자의 추천**

女 我ながら、おいしくできた。焼くだけだけど。

여 내가 한 거지만 맛있게 완성됐다. 굽기만 한 거지만.

 **11명이나 있어!**

男1 よくそんな笑ってられるなあ。
男2 我ながらあきれるよ。自分の立ち直りの早さに。

남1 잘도 그렇게 웃고 있네.
남2 나 스스로도 어이가 없어. 나의 회복하는 속도에.

나는 내일, 어제의 너와 만난다

女 これ、私が切ったんだよね。我ながらよく切れてるね。

여 이거(머리) 내가 자른 거지? 내가 한 거지만 잘 잘랐네.

モヤモヤ

마음이 개운치 않고 떨떠름함

もやは '안개'인데, 마음속에 안개가 낀 것처럼 개운치 않고 떨떠름하거나 답답한 모양을 もやもや라고 한다. モヤモヤする 형태의 동사형으로 많이 쓰고, モヤモヤ만으로 명사형으로도 쓸 수 있다. 가타카나로 쓸 때가 많고, 상황에 따라 찝찝하거나 찜찜하다는 의미가 되기도 한다.

굿모닝 콜

女 分かってるよ。上原(うえはら)君が浮気なんかしないって。でも分かってるけど、やっぱイヤなの。こんなふうにモヤモヤするのとか、不安になってる自分が。

여 알아. 우에하라가 바람 따위 피우지 않는다는 거. 하지만 알고 있어도 역시 싫어. 이렇게 마음이 답답한 것도 불안해하는 나 자신도.

격신도

女 亮介(りょうすけ)さん、モヤモヤするの嫌なんで、一つ聞いていいですか？

여 료스케 씨, 찜찜한 걸 싫어해서 한 가지 물어봐도 돼요?

프라이스리스 ~있을 리 없잖아, 그런 거!~

男 何だ。もやもやしてたの、一気にすっきりした。

남 뭐야, 답답했던 게 한 번에 후련해졌다.

이 남자는 인생 최대 실수입니다

女 何でいっつもモヤモヤさせるんですか？でもいつもいつもこのモヤモヤが何なのかわからなくて、もしかして社長のこと、好きなのかなって思ったりもして、でもわからなくてそれがしんどくて… 何で苦しめるんですか？

여 왜 늘 마음을 개운치 않게 만드는 거죠? 언제나 이 답답함이 뭔지 몰라서, 혹시 사장님을 좋아하는 건가 생각하기도 하고, 근데 알 수 없어서 그게 괴롭고… 왜 힘들게 하나요?

気晴らし 안 좋은 기분을 시원하게 푸는 것, 기분전환
憂さ晴らし 기분풀이, 기분전환

晴(は)らす는 '풀다'란 뜻으로 気晴(きば)らし는 안 좋은 기분을 시원하게 푸는 것을 의미한다. 명사형으로 해석하면 '기분전환'이 되지만, 気分転換(きぶんてんかん)(기분전환)이란 일본어도 따로 있다. 비슷한 표현으로 憂(う)さ晴(ば)らし도 있는데, 憂さ가 '괴로움', '우울함'이란 뜻이므로 역시 우울한 기분을 푸는 것을 의미한다.

아내, 초등학생이 되다

女 こういう時は、みんなでおいしいもの食べて、お喋(しゃべ)りして、パーッて気晴らしするのがいいんじゃない？

여 이럴 때는 다 같이 맛있는 것 먹고 수다 떨면서 확 기분 푸는 게 좋지 않아?

결혼 못하는 남자

女 今夜、マルヤマ神社で盆踊(ぼんおど)りがあるんだって。
男 あっ… なんか夜店(よみせ)も出るみたいですね。
女 時間が空いたし、気晴らしに行ってくれば？

여 오늘밤 마루야마 신사에서 봉오도리 한대.
남 아, 야시장도 여는 것 같더라고요.
여 시간도 비는데 기분 전환하러 갔다 오지 그래?

칸죠 8호선

男 友達とさ、飲み行ったりして憂さ晴らししないの？
女 みんな結婚して子供がいる。友達どころじゃないのよ。

남 친구랑 마시러 가거나 하면서 기분 풀고 안 그래?
여 다들 결혼해서 애가 있어. 친구 만날 여유가 없지.

어제 뭐 먹었어?

女 友達とね、年に１回、パーッと憂さ晴らしするの。

여 친구랑 1년에 한 번 시원하게 기분 풀고 그래.

気取る

거들먹거리다, 젠체하다, 뽐내다, ~인 체하다

気取る(きどる)는 '거들먹거리다', '젠체하다', '뽐내다', '~인 체하다'란 뜻으로, 사람뿐만 아니라 가게나 장소, 음식 같은 사물에도 사용한다. ~気取り란 형태로도 많이 쓰는데, 彼氏(かれし)気取り(남자친구 행세), ヒーロー気取り(영웅 행세), 王様(おうさま)気取り(왕 행세)처럼 뭐라도 되는 것처럼 행동한다고 해서 '~ 행세'란 의미가 된다.

녹풍당의 사계절

女 京水(きょうすい)さんってさ、ドジばっかなんだけど、なんか憎(にく)めないよね。

男 御曹司(おんぞうし)なのに、全然気取ったところがなくて。

여 코스이 씨는 실수투성이지만 왠지 미워할 수가 없네.

남 후계자인데 전혀 거들먹거리는 태도도 없고.

메꽃 ~평일오후 3시의 연인들~

女1 あの人、何だか気取ってない？

女2 まあ。だいぶ偉そうですよね。

여1 그 사람 뭔가 좀 거들먹대지 않아?

여2 뭐, 꽤 잘난 체하긴 하죠.

방랑의 미식가

男 あのお店のハヤシライスが食べたい。気取ってないんだけど、それでも絶対に家では作れない味だった。

남 그 가게의 하야시라이스가 먹고 싶다. 뽐내지 않는데도 그런데도 절대로 집에서는 만들 수 없는 맛이었지.

스트롭 에지

女 何なの？あんなやつ、かばって。フラれたのに彼女気取り？

여 뭐야? 그런 녀석 감싸고. 차였으면서 여자친구 행세하는 거야?

unit 106

いい子ぶる 착한 척하다
ぶりっ子 귀여운 척하는 사람, 내숭녀

명사 뒤에 ぶる가 붙으면 '~인 체하다'란 의미가 된다. 예를 들어 いい子(こ)ぶる는 '착한 척하다', '잘 보이려고 하다', かわい子ぶる는 '귀여운 척하다'란 의미이다. ぶりっ子는 '귀여운 척, 깜찍한 척 행동하는 사람'을 의미하는데, 우리말로 '내숭녀'라고 하기도 한다.

청춘 신데렐라

女 恋愛感情なんて、ただの欲(よく)じゃん？恋愛したいって思うなら、いい子ぶってないで欲に従(したが)わなきゃダメっしょ。

여 연애 감정 같은 거 단순한 욕심이잖아? 연애하고 싶다면 착한 척 안 하고 욕심에 따라가는 수밖에 없잖아.

청춘 신데렐라

女1 もういいの。林間(りんかん)学校が終わったら…長谷川(はせがわ)君を諦める。

女2 ちょっと、いい子ぶらないでよ！

女1 いい子ぶってんのは、そっちじゃない！

여1 이제 됐어. 학교 수련회가 끝나면 하세가와를 포기할 거야.

여2 좀, 착한 척하지 마!

여1 착한 척하는 건 너잖아!

꽃미남이여 밥을 먹어라

女 小食でよかったことなんて、あんまりないよ。男子の前でかわい子ぶって、小食アピールしてると思われて、女子に嫌われる。

여 소식이라 좋았던 점 별로 없어. 남자 앞에서 귀여운 척하려고 소식을 어필한다고 여겨져서 여자들한테 미움받아.

멘탈 강한 미녀 시라카와 씨

女 まあ、白川(しらかわ)さんってかわいいけど、ぶりっ子きっつい。

여 뭐, 시라카와 씨는 예쁘지만 내숭녀라 견딜 수 없어.

백엔의 사랑

男 何、ぶりっ子してんだよ。殺すぞ。

남 뭔 깜찍한 척하고 난리야. 죽는다.

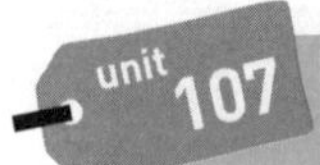

言い返す 대꾸하다, 되받아치다 口答え 말대답 お言葉ですが 외람된 말이지만

언쟁이나 대화 중 상대방의 말에 응수하여 대꾸하는 것을 言い返す(いかえす)라고 하는데, '대꾸하다', '되받아치다'란 의미이다. 비슷한 표현으로 '말대답하다', '말대꾸하다'는 口答え(くちごたえ)する라고 한다. 그리고 상대방의 말을 반박할 때 말을 좀 더 부드럽게 하기 위해 お言葉(ことば)ですが(외람된 말이지만), お言葉を返すようですが(말대꾸하는 것 같지만)란 말을 먼저 꺼내기도 한다.

 **프로미스 신데렐라**

男 お前も黙ってないで、何か言い返せよ。

남 너도 가만있지 말고 뭐라고 대꾸 좀 해.

 **하야코 선생님, 결혼한다니 정말인가요?**

女 言い返せばいいじゃない、お母さんも。そのうるさい近所のおばさんに。

여 되받아치면 되잖아, 엄마도. 그 말 많은 이웃 아줌마한테.

 **노다메 칸타빌레**

男 時間がないんだ！いちいち口答えするな。

남 시간이 없어! 일일이 말대답하지 마.

 **사랑은 계속될 거야 어디까지나**

男 余計な期待はするな。今後、俺とお前がどうこうなる可能性は0.0001％もない。先に断っておく。

女 お言葉ですが、先生。この世に絶対なんてことはないと思いますし。0.0001って。

남 쓸데없는 기대는 하지 마. 앞으로 나와 네가 어떻게 될 가능성은 0.0001%도 없어. 미리 거절해 두지.

여 외람된 말이지만 선생님. 이 세상에 절대라는 건 없다고 생각해요. 하물며 0.0001이라니.

言われてみれば

듣고 보니

상대방의 말을 듣고 수긍할 때 "듣고 보니 그렇네."란 의미로 言(い)われてみればそうだね 또는 言(い)われてみれば確(たし)かに 등으로 많이 말한다. 言われてみれば 대신 言われてみると라고 하기도 한다. '그렇게 듣고 보니'라고 할 때는 そう言われてみれば라고 한다.

청춘 신데렐라

女1 長谷川(はせがわ)、前より笑うようになったよね。なんか、トゲトゲした感じが減ったっていうか…。

女2 言われてみればそうかも。

여1 하세가와가 전보다 잘 웃는 것 같지? 뭔가 까칠한 느낌이 줄었다고 할까….

여2 듣고 보니 그런 것 같기도 하네.

삼천 엔의 사용법

女1 あなたたち、いつの間にそんな仲良くなったの？

女2 えっ？言われてみればいつからだろう。

여1 너희들, 어느새 그렇게 친해진 거야?

여2 어? 듣고 보니 언제부터지?

저, 운명의 사람입니다

女 晴子(はるこ)も運命の男も真面目過ぎるから心配なの。

男 ２人ともいい年だから大丈夫だって。

女 晴子、上手に甘えられると思う？ちゃんと隙(すき)を見せられると思う？

男 まぁ、言われてみると確かにねぇ。

여 하루코도 운명의 남자도 너무 진지해서 걱정이야.

남 둘 다 나이 먹을 만큼 먹어서 괜찮다니까.

여 하루코가 응석 부릴 수 있을 것 같아? 제대로 틈을 보일 수 있을 것 같아?

남 뭐, 듣고 보니 그렇네.

聞くだけ聞く

한번 들어나 보다, 한번 물어나 보다

딱히 관심은 없지만 상대방이 얘기하고 싶어 하니 한번 들어나 보자고 하거나, 반대로 관심 없는 상대방에게 한번 들어나 보라고 권할 때 聞(き)くだけ聞(き)く란 표현을 쓴다. 聞く는 '듣다'란 뜻 외에 '묻다'란 뜻도 있어서 '한번 물어나 보다'란 의미로도 쓴다.

정직 부동산

男 せめて話を聞くぐらい、いいじゃありませんか。

女 いいわ。だったら**聞くだけ聞きましょう**。

남 적어도 얘기 듣는 정도는 괜찮지 않을까요?

여 좋아요. 그럼, 한번 들어나 봅시다.

오늘은 회사 쉬겠습니다

男1 ２秒あれば落とせる方法、知りたくないの？

男2 絶対に絶対しませんけど、**聞くだけ聞きます**。

남1 2초 만에 이성을 공략하는 방법 알고 싶지 않아?

남2 절대로 절대 그럴 일은 없지만, 한번 들어나 보죠.

왼손잡이 에렌

女 まあ、**聞くだけ聞いて**くださいよ。

여 뭐, 한번 들어나 봐주세요.

디어 시스터

男 大学、出て、何年もふらふらしてたやつに「じゃあ、どうぞ」って、仕事くれる企業は、なかなかないと思うぞ。まあ、**聞くだけ聞いて**みるけど、あんま期待すんな。

남 대학 나와서 몇 년이나 빈둥거리던 녀석에게 '자, 여기요' 하면서 일자리를 줄 회사는 거의 없을 거야. 뭐, 물어보긴 하겠지만 별로 기대하진 마.

unit 110

聞き流す 흘려듣다, 건성으로 듣다, 귀담아듣지 않다
聞き逃す 못 듣고 놓치다, 빠뜨리고 못 듣다

流(なが)す가 '흘려 보내다'란 뜻이어서 聞(き)き流(なが)す는 '흘려듣다', '건성으로 듣다', '귀담아듣지 않다'란 의미가 된다. 발음이 비슷한 聞(き)き逃(のが)す는 逃す가 '놓치다'란 뜻이므로, '못 듣고 놓치다', '빠뜨리고 못 듣다'란 의미이다.

백만엔걸 스즈코

男　主任の言うこと、**聞き流した**ほうがいいですよ。あの人、人に何回も何回も同じこと言わないと、気が済まない人なんで。

남　주임이 하는 말은 귀담아듣지 마세요. 그 사람은 남한테 몇 번이나 했던 말을 또 하지 않으면 성에 차지 않는 사람이라.

세상에서 가장 어려운 사랑

女1　美咲(みさき)さんはいないんですか？うちの会社に、会うとテンション上がる人！

女2　あぁ、考えたこともなかった。

女1　ダメですよ、つくらなきゃ。もったいない！いるだけで、単調(たんちょう)な毎日に、張りと潤(うるお)いが出て来ますから。

女2　そうなんだ。

女1　**聞き流さないで**くださいよ～！ホントなんですから～！

여1　미사키 씨는 없나요? 우리 회사에서 만나면 기분이 업되는 사람!

여2　아, 생각해본 적도 없어.

여1　안 돼요, 만들지 않으면요. 아깝잖아요! 있는 것만으로도 단조로운 일상에 활기와 여유가 생기니까.

여2　그렇구나.

여1　흘려듣지 마세요~! 정말이니까요~!

꾸미는 사랑에는 이유가 있어

男1　駿(しゅん)、お前、１年に２回くらい、ええこと言うよな。これ、その２回のうちの１回。

男2　もっとあるでしょうよ。しょっちゅう言ってるから、**聞き逃さないで**よ。

남1　슌, 너는 1년에 두 번 정도 좋은 얘기하는구나. 이건 그 두 번 중에 한 번.

남2　더 있잖아. 자주 말하니까 놓치지 말고 잘 들어.

• Pop Quiz 11 •

 자연스러운 문장이 되도록 어울리는 표현을 골라서 적절한 형태로 만들어 넣으시오.

いい子ぶる, 聞き流す, 言われてみれば, 聞くだけ聞く, 我ながら, 言い返す, もやもや, 気晴らし, 無性に, 気取る

1. A: じゃあ、今日はとことん飲みましょうか！

   B: いいですね。私も今日は ________ 飲みたい気分なんで。

2. ________ すげえいいアイデアだって思ってます。

3. 私、ずっと ________ してた自分の気持ちが、今回のことではっきり分かりました。

4. 私、こういう所に来たことないから、いい ________ になった。

5. グルメ ________ のフーディーに、うちの料理をとやかく言われるのはしゃくに障る。

6. ________ ないで、嫌なところも全部見せちゃいなよ。

7. 誰だってあんな失礼なこと言われたら、________ でしょ。

8. A: この男の子、ちょっと正木さんに似てない？

   B: あっ、________ 似てるな。

9. A: 彼氏、いつ紹介してくれんの？

   B: あっ、ごめん。彼ね、今忙しいんだ。

   A: ________ 聞いてみてよ。

10. いつもなら鼻で笑って ________ 言葉が、不思議と胸に染み渡る。

CHAPTER 12

Chapter 11 정답	1. 無性に 2. 我ながら 3. もやもや 4. 気晴らし 5. 気取り 6. いい子ぶら 7. 言い返す 8. 言われてみれば 9. 聞くだけ 10. 聞き流す

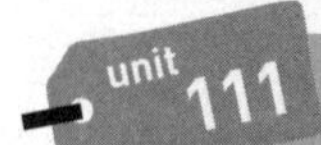

unit 111

聞き間違い 잘못 들음

空耳 잘못 들음, 헛들음, 환청

聞き間違える(ききまちがえる)는 '잘못 듣다'란 뜻으로, 명사형은 聞き間違い(ききまちがい)다. 비슷한 단어인 空耳(そらみみ)는 '잘못 들음'이란 의미뿐만 아니라 '헛들음', '환청'이란 의미도 있어서, 무서운 빈집 같은 곳에서 들은 이상한 소리가 진짜인지 환청인지 따질 때 쓰기도 한다.

데이지 럭

女 うわごと言ってたのも覚えてます？昨日安芸(あき)さん、私の手を取ってこう言ったんです。「リエコ」
男 それはお前の聞き間違いだ！
女 いいえ、言いました。

여 잠꼬대한 것도 기억해요? 어제 아키 씨가 제 손을 잡으며 이렇게 말했어요. "리에코."
남 그건 네가 잘못 들은 거야!
여 아뇨, 말했어요.

그녀도 여친

女 私、直也(なおや)のことが… 好きだぞ！
男 聞き間違えた気がするから、もう一回、言ってもらえる？
女 はっ？いや、聞こえただろ！
男 どう考えても聞き間違いとしか思えない。

여 나, 나오야를… 좋아해!
남 잘못 들은 것 같은데 한번 더 말해 줄래?
여 뭐? 아니, 들었잖아!
남 아무리 생각해도 잘못 들은 것 같아.

언령장

女 ねえ…、今、なんか聞こえなかった？
男 えっ？別に。空耳じゃない？

여 저기, 지금 뭐 들리지 않았어?
남 어? 아니. 헛들은 거 아니야?

납치여행

女 そしたら玄関から「ごめんください」って、空耳じゃないかと思うくらい小さな声が聞こえてきたの。

여 그랬더니 현관에서 "실례합니다"라고 환청이 아닌가 싶을 정도로 작은 목소리가 들려왔어.

unit 112

耳に入る 귀에 들어오다, 들리다
耳にする (얼핏) 듣다, 우연히 들어서 알다

耳(みみ)に入(はい)る는 말 그대로 어떤 소문이나 정보가 '귀에 들어오다'란 의미로도 쓰고, 가까이 있어서 '저절로 들리다'란 의미로도 쓴다. 비슷한 형태의 耳にする는 '(얼핏) 듣다', '우연히 들어서 알다'란 뜻이고, 小耳(こみみ)に挟(はさ)む는 '언뜻 듣다'는 뜻이다.

왼손잡이 에렌

女 プレゼン勝ったのに、外されたんでしょ。
男 もう知ってんの。
女 営業って、社内のこと、嫌でも耳に入るから。

여 프레젠테이션에서 이겼는데도 (이 번 일에서) 빠지게 됐다며?
남 벌써 알고 있는 거야?
여 영업부는 사내 일은 원치 않아도 귀에 들어오니까.

사랑 따위 진심으로 해서 어쩌려고?

女 お前らがここでべらべらべらべらしゃべるから、聞きたくなくても耳に入るし。

여 너희들이 여기서 재잘재잘 얘기하니까 듣고 싶지 않아도 들려.

아재's 러브

女 あの…、私、部長が早期退職するっていう噂を耳にしたんですけど。

여 저기… 저, 부장님이 조기퇴직한다는 소문을 들었는데요.

히비키

男1 鬼島(きじま)さんも以前、鮎喰(あくい)さんから暴行(ぼうこう)を受けたと耳にしましたが。
男2 はい、蹴(け)られましたね。顔でした。

남1 키지마 씨도 이전에 아쿠이 씨한테서 폭행을 당했다고 들었는데요.
남2 네, 발로 차였죠. 얼굴을요.

장인어른이라고 부르게 해줘

男 小耳に挟んだんですけど、会社のほう、大丈夫ですか？

남 언뜻 들었는데, 회사는 괜찮나요?

人聞きの悪いこと言うな

누가 들으면 오해하겠다, 무슨 그런 소릴

人聞き는 '남이 들었을 때 가지는 느낌'을 뜻하기 때문에 人聞きの悪いこと는 '남이 들었을 때 안 좋게 생각할 얘기'를 의미한다. 누가 들으면 나에 대해 오해할 만한 얘기를 상대방이 할 때 人聞きの悪いこと言うな 또는 人聞きの悪いこと言わないで라고 한다. 짧게 人聞きの悪い라고 말하는 경우도 많고, 人聞きが悪い나 人聞き悪い라고도 한다.

도쿄 남자 도감

男1 っていうか、珍しいじゃん。そんな1人の女に固執するなんて。
男2 別に？固執してねえけどな。
男1 いつも適当に遊んでんのに…。
男2 人聞き悪いこと言うんじゃないよ。

남1 그나저나 별일이네. 그렇게 한 여자한테 집착하다니.
남2 아니, 집착하는 거 아닌데.
남1 항상 적당히 놀면서….
남2 누가 들으면 오해하겠다.

라스트 레터

女 これでお茶でも買って、暑いから水分補給。余計なもの買っちゃダメよ。今日のことは誰にも言っちゃダメよ。
男の子 口止め料すね。
女 違う。人聞きの悪い。

여 이걸로 음료수 사서 더우니까 수분 보충. 쓸데없는 거 사지 말고. 오늘 일은 아무한테도 말하면 안 된다.
남아 입막음으로 주는 돈이네요.
여 아니야. 무슨 그런 소릴 하니.

과보호의 카호코

女1 加穂子に変なこと吹き込まないでよ、環。
女2 人聞きの悪いこと言わないでよ、泉ちゃん。私は加穂子のことを応援してるだけで。

여1 카호코에게 이상한 바람 불어넣지 마, 타마키.
여2 무슨 그런 소릴 해, 이즈미. 난 카호코를 응원하는 것뿐이야.

いざという時 만일의 경우, 유사시 いざとなると 막상 닥치면 いざとなったら 여차하면, 막상 닥치니

いざ는 '막상', '정작'이란 뜻으로 いざという時는 '만일의 경우', '유사시', '여차할 경우'를 의미한다. いざっていう時, いざってとき라고 쓰기도 한다. 덧붙여 いざとなると는 '막상 중요한 순간이 오면', '막상 닥치면'이란 뜻이고, いざとなったら는 '여차하면', '막상 닥치니', '막상 하려니'란 뜻이다.

미래를 향한 10 카운트

女1 どうしてボクシングなんてやろうと思ったの？水野(みずの)さん。
女2 強くなりたいから。いざという時に自分の身を守るためです。

여1 왜 복싱 같은 걸 하려고 마음먹은 거야? 미즈노 씨.
여2 강해지고 싶으니까요. 만일의 경우 자신을 지키려고요.

사일런트

女 何で付き合わないの？ちょっとあれなの？いざとなると躊躇(ちゅうちょ)あんの？

여 왜 사귀지 않는 거야? 그거야? 막상 사귀려니까 주저하게 돼?

슬로우 댄스

女1 ほら。もう帰るよ。送ってくから。
女2 えっ？何でですか？ここ、泊まってけばいいじゃないですか。
女1 ハハハ。何言ってんの？もう。
男 いいよ。どうせ朝までやってるし。いざとなったら、タクシーにほうり込むから。

여1 자, 그만 돌아가자. 데려다줄게.
여2 네? 왜요? 여기서 자고 가면 되잖아요.
여1 하하하. 무슨 소리야? 좀.
남 괜찮아. 어차피 아침까지 영업하고. 여차하면 택시에 던져 넣을 테니까.

461개의 도시락

女 結婚するのは妹なのに、いざとなったら何着たらいいか分かんなくなっちゃって。

여 결혼하는 건 여동생인데, 막상 뭘 입어야 할지 모르겠더라고.

unit 115 もしものとき 만일의 경우　もしものために 만일을 대비해서　もしものことがあったら 무슨 일이 있으면

もしも는 '만일', '만약'이란 뜻으로, もしものとき는 '만일의 경우'를 의미한다. 그리고 もしものこと는 '만약의 사태'인데, 주로 もしものことがあったら란 형태로 '무슨 일이 있으면'이란 뜻으로 많이 쓴다. 여기서 '무슨 일'은 사고나 사망과 같이 안 좋은 일을 의미하는 경우가 많다. 덧붙여 もしものために는 '만일을 대비해서', もしもの話는 '만약의 경우 얘기'란 뜻이다.

정직 부동산

女 新婚の夫婦こそ、共有名義(きょうゆうめいぎ)のリスクについて知っておくべきだと思うんです。もしもの時、どう対処(たいしょ)するかまで、話し合っておいた方がいいと思うんです。

여 신혼부부야말로 공동명의의 리스크에 관해 알아둬야 한다고 생각합니다. 만일의 경우 어떻게 대처할지까지 서로 얘기해 두는 게 좋아요.

혼인 신고서에 도장을 찍었을 뿐인데

男 だって、みちゃるにもしものことがあったら、俺、生きていけないよ。

남 당연하지, 미챠루에게 무슨 일이 있으면 난 못 살아.

나의 누나

男 姉ちゃんの浮気って、どこからなんだよ。

女 家出るとき、もしものために勝負下着にしてたかどうかが浮気ラインだわね。勝負下着じゃないなら、あとは単なるアクシデント。

남 누나에게 바람이란 어디서부터야?

여 집을 나설 때 만일을 대비해서 섹시한 속옷을 입었느냐 아니냐가 바람의 기준이지. 섹시한 속옷이 아니라면 나머지는 그냥 사고인 거야.

갑작스럽지만, 내일 결혼합니다

男 前に彼が結婚願望(がんぼう)ないって言ってたよね？もしもの話だけど、その人が５年先も10年先も結婚したがらなかったらどうするの？

남 전에 남자친구가 결혼 생각이 없다고 말했잖아? 만약의 경우 얘기지만, 그 사람이 5년 후, 10년 후에도 결혼 생각이 없으면 어떡해?

~抜きで ~ 빼고, ~ 배제하고, ~ 접어두고
冗談抜きで 농담이 아니라

抜(ぬ)くは '뽑다', '빼다'란 뜻이어서 ~抜(ぬ)きで 또는 ~抜きにして라고 하면 '~ 빼고', '~ 배제하고', '~ 접어두고'란 의미가 된다. あの子抜きで(저 애 빼고), お父さん抜きで(아빠 빼고)처럼 抜きで 앞에 사람이 올 수도 있고, 固い挨拶(あいさつ)は抜きにして(딱딱한 인사는 생략하고)처럼 쓰기도 한다. 그리고 冗談抜(じょうだんぬ)きで는 '농담이 아니라', お世辞(せじ)抜きで는 '빈말(인사말)이 아니고'란 뜻이다.

너는 나에게 빠지고 싶다

男 明日、課(か)のメンバーで飲み会しようって話、出てるんです。夏菜(かな)さんも来ませんか？
女 私はいいよ。
男 飲みニケーション、嫌いなんですよね。知ってます。でも、たまには仕事抜きで、みんなと話してみませんか？

남 내일 부서 사람들 회식하자는 말이 나왔는데, 카나 씨도 오지 않을래요?
여 나는 됐어.
남 술 모임 안 좋아하시죠. 알고 있어요. 그래도 가끔은 일 접어두고 사람들과 얘기하는 건 어때요?

결혼 못하는 남자

女 ごめん。実はね、私の祖母が亡くなったのよ。これから行かなきゃいけないの。悪いけど、打ち合わせ、私抜きでお願いできる？

여 미안. 실은 할머니 돌아가셔서 지금 가봐야 해. 미안하지만 회의 나 빼고 하면 안 될까?

꾸미는 사랑에는 이유가 있어

女 堅苦しい話は抜きにして、今日は食べて飲んで騒いでください。

여 딱딱한 얘기는 접어두고 오늘은 먹고 마시고 즐겨 주세요.

딸바보 청춘백서

男 先生、今度、締め切り遅れたら、冗談抜きで、連載(れんさい)、終わっちゃいますよ。

여 선생님, 이번에도 마감이 늦어지면 농담이 아니라 연재 중단됩니다.

さておき

제쳐두고, 차치하고, 둘째 치고

さておく는 '제쳐놓다'란 뜻이어서 ~はさておき라고 하면 '~는 제쳐두고', '~는 차치하고', '~는 둘째 치고'란 의미가 된다. 화제를 전환할 때 それはさておき라고 하는데 '그건 그렇고', '그건 그렇다 치고'란 뜻이다.

히비키

男1 この『お伽(とぎ)の庭(にわ)』何と芥川賞(あくたがわしょう)・直木賞(なおきしょう)、両方で最終候補(こうほ)に選ばれたんです。

男2 これは快挙(かいきょ)ですよ。受賞するかはさておき、Wノミネート自体、60年ぶりです。

남1 이 '이야기의 정원'은 무려 아쿠타가와상과 나오키상, 양쪽에서 최종 후보로 뽑혔습니다.

남2 이건 쾌거를 이룬 겁니다. 수상할지는 둘째 치고, 동시에 후보에 오른 것 자체가 60년 만이에요.

코미 양은 커뮤증입니다

女1 どうしたの？もしかして２人、仲よしになったの？

女2 仲よしって…。仲がいいかはさておき、友達にはなったわよ。

여1 무슨 일이야? 혹시 두 사람 친한 사이가 된 거야?

여2 친한 사이라니…. 사이가 좋은지는 둘째 치고 친구는 됐어.

수수하지만 굉장해! 교열걸 코노 에츠코

男 冗談はさておき、仕事ぶりが認められれば、希望の部署に移れることもあります。

남 농담은 제쳐두고, 업무 능력을 인정받으면 희망 부서로 옮길 수도 있습니다.

35세의 고교생

男 それはさておき、お願いがあります。

남 그건 그렇고 부탁이 있습니다.

~切る

다 ~하다

切る는 동사의 연용형 뒤에 붙어서 '다 ~하다'란 의미로 만든다. 예를 들어 使い切る는 '다 쓰다', '다 떨어지다', 読み切る는 '다 읽다', 出し切る는 '다 발휘하다', 売り切る는 '다 팔아버리다'란 뜻이다. '다 팔리다', '매진되다'는 売り切れる라고 하고, 急がないと売り切れちゃう(서두르지 않으면 다 팔려버려)처럼 쓴다. 명사형 '품절', '매진'은 売り切れ이다.

메리 미!

女 小麦粉、使い切っちゃったみたいなんです。ストックがあると思ったら、見当たんなくて…。

여 밀가루, 다 떨어진 것 같아요. 남은 거 있을 줄 알았는데 보이지 않아서….

최고의 이혼

女 ドストエフスキーの『罪と罰』って小説。上巻で挫折しかけたけど、下巻、読み切ったときは感動しました。

여 도스토옙스키의 '죄와 벌'이라는 소설 말이에요. 상권에서 좌절할 뻔했는데, 하권을 다 읽었을 때는 감동했어요.

미래를 향한 10 카운트

男 でも、全力、出し切ったろ？

남 그래도 전력을 다 발휘한 거지?

이 첫사랑은 픽션입니다

男1 ちゃんと食べないと。これあげる、桜メロン。
女 えっ、ありがとう。これいつも売り切れてない？
男2 来玖は購買のおばちゃんに好かれてっから。
男1 そう、僕が頼んだら、いつも取っといてくれるんだよね。

남1 잘 챙겨 먹어야지. 이거 줄게, 사쿠라 멜론빵.
여 어, 고마워. 이거 항상 품절이지 않아?
남2 라이쿠는 매점 아줌마한테 이쁨받거든.
남1 맞아, 내가 부탁하면 항상 챙겨놔 주지.

~たて

갓 ~한

たて는 동사의 연용형 뒤에 붙어서 '갓 ~한'이란 의미를 가진다. 예를 들어 できたて는 '갓 만든', 焼(や)きたて는 '갓 구운', ゆでたて는 '갓 삶은', ひきたて는 '갓 빻은', いれたて는 '갓 달인'이란 의미이고, 막 쓰기 시작한 새 물건은 下(お)ろしたて라고 한다.

실연밥

女 焼小籠包(やきしょうろんぽう)か。行きたいなあ。お店でできたて熱々の、食べたいな～。

여 구운 샤오롱바오인가. 가고 싶다. 가게에서 갓 만든 따끈따끈한 거 먹고 싶어~.

데이지 럭

女 いらっしゃいませ。焼きたての塩パンです。よかったら味見して下さい。

여 어서 오세요. 방금 구운 소금빵입니다. 괜찮으시면 맛보세요.

바닷마을 다이어리

女1 佳乃(よしの)はお昼、手伝ってよ。
女2 えー、出前じゃないの？
女1 そばはゆでたてじゃなくっちゃね。

여1 요시노는 점심 준비하는 거 도와.
여2 뭐, 배달시키는 거 아니야?
여1 소바는 바로 삶은 거 아니면 안 되지.

사랑 따위 진심으로 해서 어쩌려고?

男 今日の靴、下ろしたてですよね？汚したくないでしょ。

남 오늘 신은 구두, 새로 산 거죠? 더럽히고 싶지 않잖아요.

하나씨의 간단요리

女 ゴロさんのひきたていれたてのコーヒーの香りが部屋いっぱいに…。

여 고로 씨의 갓 빻아 내린 커피의 향이 방에 가득….

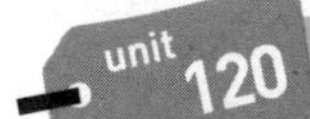

下手したら 자칫하면, 잘못하면, 어쩌면
下手に 섣불리, 함부로, 어설프게

'서투름'이란 뜻의 下手(へた)를 동사화해서 下手する라고 하면 '잘못하다'란 의미가 된다. 그래서 下手したら는 '잘못하면', '자칫하면'이란 뜻이고, 상황에 따라 '어쩌면'이란 의미가 되기도 한다. 下手すりゃ, 下手すると, 下手すれば라고 하기도 한다. 덧붙여 下手に는 '섣불리', '함부로', '어설프게'란 뜻이다.

라스트 신데렐라

女1 今度の日曜日、スターパレスホテルで合コンパーティーがあるんです。よかったらご一緒しませんか？

女2 えー！私？

男 お前、下手したらチョコちゃんのママだと思われるぞ。

여1 이번 일요일에 스타팰리스 호텔에서 맞선 파티가 있어요. 괜찮으시면 함께 하지 않을래요?

여2 네? 저요?

남 너는 자칫하면 사람들이 쵸코 씨 엄마로 볼걸.

안녕까지 30분

男 一人で作って、一人で楽しんで、何が悪いんですか？気軽にアップなんかしたら、下手すりゃさんざんディスられて、黒歴史ですよ！

남 (음악) 혼자 만들어서 혼자 즐기는 게 뭐가 나빠요? 섣불리 업로드했다가 자칫하면 엄청 까이고 흑역사 돼요!

안녕까지 30분

男 颯太(そうた)、お前、ピアノもすっげえな。下手するとギターよりいいわ。

남 소타, 너 피아노도 대단하네. 어쩌면 기타보다 나아.

아직 결혼 못하는 남자

男 下手に結婚なんかするから、裁判(さいばん)で揉(も)めることになるんですよ。

남 섣불리 결혼 같은 거 하니까 재판에서 다투게 되는 거예요.

• Pop Quiz 12 •

 자연스러운 문장이 되도록 어울리는 표현을 골라서 적절한 형태로 만들어 넣으시오.

抜きで, 使い切る, 下手したら, 耳に入る, できたて, いざという時, さておき, 空耳, 人聞き, もしも

1. A: 今、舌打ちした？

   B: えっ、してないです。＿＿＿＿＿＿＿＿ じゃないですか？

2. 彼は仕事モードになると、寝食を忘れるんです。誰の言葉も ＿＿＿＿＿＿＿＿ 状態です。

3. A: 聞いたぞ。また妙な事をたくらんでいるようだな。

   B: たくらんでるだなんて ＿＿＿＿＿＿＿＿ が悪い。

4. 結婚式でぱ～っと使うより ＿＿＿＿＿＿＿＿ 時のために貯めといた方がいいんじゃない？

5. もし私が子供がいる人と結婚したいって言ったらどう思う？いや、＿＿＿＿＿＿＿＿ の話。

6. お世辞 ＿＿＿＿＿＿＿＿ めちゃくちゃうまいですね。

7. くだらない話は ＿＿＿＿＿＿＿＿、ちょっと報告がある。

8. 死ぬまでに貯金を ＿＿＿＿＿＿＿＿ って決めた。

9. ＿＿＿＿＿＿＿＿ のパンを丁寧に作って、温かいのをみんなに届けたい。

10. 彼、見た目若いけど、45ぐらいですよ。＿＿＿＿＿＿＿＿ 僕より上かもしれない。

CHAPTER 13

Chapter 12 정답

1. 空耳 2. 耳に入らない 3. 人聞き 4. いざという 5. もしも 6. 抜きで 7. さておき 8. 使い切る 9. できたて 10. 下手したら

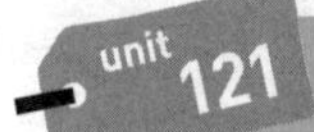

ミスる 실수하다, 그르치다, 망치다
しくじる 실패하다, 실수하다, 그르치다

'놓치다'란 뜻의 영어 miss(ミス)에 る를 붙여 '실수하다', '일을 그르치다', '망치다'란 의미의 동사로 사용한다. 시험에서 실수로 한 문제를 틀린다든가, 신발 사이즈를 실수로 잘못 선택했다든가 하는 사소한 실수부터 회사를 그만둘 정도로 일을 크게 그르치는 경우까지 모두 사용한다. 비슷한 표현인 しくじる도 같은 의미로 쓴다. '사소한 실수'는 명사로 凡(ぼん)ミス라고 한다.

뻐꾸기 커플

男 告白には手順があってな。俺はそいつをミスっただけだ。	남 고백에는 순서라는 게 있는데, 나는 그걸 실수한 것뿐이야.

연애 니트~ 잊어버리고 있었던 사랑을 시작하는 방법

男 仕事でミスっちゃってさ、子会社に出向(しゅっこう)になったんだ。	남 회사에서 일을 그르쳐서 자회사로 파견가게 됐어.

우리는 공부를 못해

男 ここも計算ミスってるぞ。いいか。数学で点取りたいなら、とにかく計算力だ。	남 여기도 계산 잘못됐어. 알겠어? 수학에서 점수를 따고 싶으면 어쨌든 계산력이 중요해.

한바탕 소동이라면 기꺼이!

女 何？この凡ミス。数字、ちゃんと読んでる？こんなミス、ありえないんだけど。	여 이 사소한 실수는 뭐야? 숫자 제대로 읽는 거야? 이런 실수는 말도 안 돼.

저, 정시에 퇴근합니다

女 私も新人だった頃、散々(さんざん)役立たずって怒鳴られて、焦った揚(あ)げ句(く)にしくじってたし。この間のプレゼンもそうだよ。	여 나도 신입이었을 때 쓸모없다며 엄청 야단맞고 서두르다가 일을 망쳤었어. 지난번 프레젠테이션도 마찬가지야.

unit 122

愚痴る 푸념하다, 넋두리를 늘어놓다, 한탄하다
ぐちぐち 궁시렁궁시렁

신세한탄이나 불평을 길게 늘어놓는 '푸념', '넋두리'를 愚痴(ぐち)라고 하는데, 동사형 愚痴(ぐち)る도 '푸념하다', '넋두리를 늘어놓다', '한탄하다'란 의미로 자주 쓴다. 푸념하며 늘어놓는 이야기를 ぐち話(ばなし)라고 하고, 궁시렁궁시렁 투덜거리는 모습을 ぐちぐち라고 표현한다.

HERO 2

男 昼間、娘から電話があったよ。子供たちの塾がどうたらこうたらって。君に相談してもめんどくさがって、聞いてくれないって愚痴ってたぞ。仕事は大変だろうけどね。うち、帰ったら、女房(にょうぼう)の相手ぐらいしてやれよ。

남 낮에 딸한테서 전화가 왔네. 애들 학원이 어쩌고저쩌고하면서. 자네한테 상의해도 귀찮아하고 들어주지 않는다고 한탄하더군. 일이 힘들겠지만 집에 가면 마누라 좀 챙겨.

미래를 향한 10 카운트

男の子 とにかく… 子供の前で大人は愚痴らない。もっと夢を与えて、夢を！

남아 어쨌든, 애 앞에서 어른은 푸념하는 거 아니야. 꿈을 심어줘, 꿈을!

라스트 레터

女 手紙、読んでました？
男 うん、毎回楽しく。
女 すみません、ほんとに。つまらない主婦のぐち話ばっかりで。

여 편지 읽었어요?
남 응, 매번 즐겁게.
여 죄송해요, 정말. 시시한 주부의 푸념만 늘어놔서.

민왕

男 少々女に相手にされないぐらいで、ぐちぐち文句を言ってどうする。

남 여자가 상대 좀 안 해준다고 궁시렁궁시렁 불평해서 어쩌려고.

unit 123

元はと言えば

따지고 보면

"따지고 보면 네 탓이잖아.", "따지고 보면 이게 다 네 덕분이야."처럼 '따지고 보면'이라고 할 때 쓰는 표현이다. 元(もと)는 '원인', '본래'란 의미로, 근본적인 원인을 언급할 때 元(もと)はと言(い)えば라고 한다. 히라가나로 もとはといえば라고 쓰기도 한다.

바닷마을 다이어리

女1 お母さんにこの家のこと、どうこうする権利なんてないでしょ。庭の手入れなんか、お母さん、一度もしたことないじゃない。管理って、この家、捨てて出てったのになんで分かんの？

女2 どうしてあんたはいつもそういう言い方するのよ。悪かったと思ってるわよ。でも元はと言えば、お父さんが女の人、作ったのが原因じゃない。

여1 엄마가 이 집을 이러니저러니 할 권리 없잖아. 정원 관리도 엄마는 한 번도 한 적 없으면서. 관리라니, 이 집 버리고 나갔는데 어떻게 알아?

여2 어째서 넌 항상 그런 식으로 말하니? 미안하게 생각하고 있어. 하지만 따지고 보면 너네 아버지가 바람피운 게 원인이잖아.

일주일간 친구

男 なんで俺が無視されなきゃなんねえんだよ。元はと言えば香織(かおり)が俺を裏切ったんだ。ムカついてんの、こっちだよ。

남 왜 내가 무시당해야 하는데? 따지고 보면 카오리가 나를 배신했잖아. 열받는 건 나라고.

이건 경비 처리할 수 없습니다!

男 もとはといえば、君がチマチマ小姑(こじゅうと)みたいに指摘なんかしないで、黙って処理してくれたら、こんな大ごとにはなってないんじゃないのか？

남 따지고 보면 자네가 시시콜콜 시누이처럼 지적하지 않고 조용히 처리해 줬으면, 일이 이렇게 커지지는 않았을 것 아닌가?

物心がつく

철들다

物心(ものごころ)는 세상일이나 사람 감정을 이해하는 마음으로, 우리말로는 '철'이나 '분별심'에 해당한다. 그래서 物心がつく는 '철들다'란 뜻이고, 物心ついたとき, 物心ついた頃, 物心付く前처럼 사용한다. 그런데 우리는 '철들다'라고 하면 청소년기 또는 정신적으로 성숙해졌을 때라고 생각해 '어른이 되다'와 비슷한 의미로 쓰는 경우가 많지만, 일본에서는 보통 유아기 때부터 철들기 시작한다고 여겨서 物心ついた頃라고 하면 말귀를 알아듣는 초등학교 입학 전을 의미하는 경우가 많다.

어제 뭐 먹었어?

男 父ちゃんは、俺が物心ついたときには、もう別に女作っちゃってて、めったに家に帰ってこなかったんだよね。

남 아빠는 내가 철들었을 때는 이미 다른 여자가 생겨서 집에는 거의 오지 않았어.

과보호의 카호코

男 父親は俺が物心つく前に死んだし、母親は男とハッピーに暮らしてんじゃねえのか、どっかで。

남 아버지는 내가 아주 어렸을 때 돌아가셨고, 엄마는 남자랑 해피하게 살고 있지 않을까, 어딘가에.

결혼 상대는 추첨으로

男 僕は… ゲイなんだ。物心付いたときから、気になるのはいつも男子だった。

남 나… 게이야. 학교 다니기 시작할 무렵부터 관심이 가는 것은 항상 남자였어.

카나카나

男 英子(えいこ)には、夏影家(なつかげけ)の娘として、つきあう友人は選ぶようにと、物心付いた時から言い聞かせてきました。

남 에이코에겐 나츠카게 가의 딸로서 사귈 친구를 잘 고르도록 말귀를 알아들을 때부터 얘기해 왔습니다.

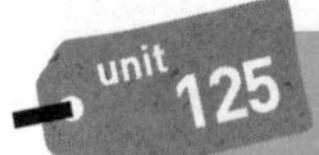

大人げない 어른답지 못하다, 점잖지 못하다
大人びる (아이가) 어른처럼 행동하다, (외모가) 어른스러워지다

애처럼 유치하게 행동하거나 어른답게 사리 분별 있게 행동하지 못하는 것을 大人(おとな)げない라고 한다. 大人(おとな)びる는 '(아이가) 어른처럼 행동하다', '(외모가) 어른스러워지다' 두 가지 의미가 있다.

프라이스리스 ~있을 리 없잖아, 그런 거!~

男　俺のシャケ、ちっちゃくないっすか？これ比べてみぃ。確実に…。
女　いいじゃないっすか。そんなちっちゃいこと。
男の子1　ケチくさいぞ、金田一(きんだいち)。
男の子2　大人げない。

남　내 연어 작지 않나요? 이거 비교해 봐. 확실히….
여　뭘 그런 걸로 그래요?
남아1　쩌잔해, 킨다이치.
남아2　어른답지 못하네.

메꽃 ~평일오후 3시의 연인들~

男　先ほどは大変失礼しました。怒って、席、立つなんて、大人げなかったです。

남　아까는 정말 실례했습니다. 화내고 자리에서 일어나다니 점잖지 못했습니다.

실연 쇼콜라티에

男　いつまでもむくれてんなよ。旅行、行けなかったぐらいで。大人げないな。

남　언제까지 뾰로통해 있는 거야. 여행 못 간 것 정도로. 어른답지 못하네.

굿모닝 콜

男　久(ひさ)君は昔っから手のかからない子で、あんまり感情も出さないし、妙に大人びてて。

남　히사는 옛날부터 손이 안 가는 애였고, 별로 감정도 드러내지 않고 묘하게 어른처럼 행동해서.

unit 126

最寄り 가장 가까움, 근처
近場 근처

最寄り(もより)는 '가장 가까움'이란 뜻으로 最寄り駅(えき)(제일 가까운 역)란 말을 가장 많이 쓰고, 最寄りのバス停(てい)(가까운 버스정류장), 最寄りのコンビニ(가까운 편의점)처럼 사용한다. 비슷한 단어로 近場(ちかば)가 있는데, 단순히 '근처'란 의미로도 쓰지만, 가까이 있는 사람과 연애하는 것을 近場で恋愛(れんあい)する라고 표현하기도 한다.

짐승이 될 수 없는 우리

女 今、上野(うえの)君と深海(しんかい)さん家の**最寄り**駅まで来てるんだけど。今から会えない？	여 지금 우에노랑 신카이 씨 집 근처 역까지 왔는데. 지금 만날 수 있어?

데이지 럭

女 ねえ、薫(かおる)。式場って、**最寄り**駅、どこだっけ？	여 저기, 카오루. 식장에서 제일 가까운 역이 어디였지?

수염을 깎다. 그리고 여고생을 줍다.

女 吉田(よしだ)さんの家の**最寄り**駅に、映画館ありますよね？	여 요시다 씨 집 근처 역에 영화관 있죠?

은수저

女 そうだ、八軒(はちけん)君。うちに来てからお休みもらってないっしょ。息抜きにどっか行っといで！車、出してあげるよ。**近場**で行きたいとこないかい？	여 맞다. 하치켄은 우리 집에 와서 휴가받은 적 없지? 숨 돌릴 겸 어디 갔다 와! 차 태워 줄게. 근처에 가고 싶은 곳 없어?

다음 생에는 제대로 하겠습니다

男 ダメだ！**近場**で手を出したら、ろくなことにならない！	남 안 돼! 가까이 있는 사람한테 손대면 제대로 되는 일이 없어!

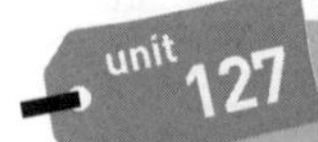

どうりで 어쩐지 (그래서 그렇구나)
どうやら 아무래도

"실은 엄마가 만들어 준 반찬이야.", "어쩐지 맛있다 했어.", "어릴 때 조기 유학 다녀왔어.", "어쩐지 발음이 다르더라." 이렇게 무엇에 관한 이유를 알고 '어쩐지 그래서 그렇구나' 하며 납득할 때 どうりで를 쓴다. 문장 속에서 쓰기도 하고 단독으로 쓰기도 한다. 비슷한 모양의 どうやら는 확실하진 않지만 아마도 그럴 거라는 의미로 '아무래도'란 뜻이다.

이 첫사랑은 픽션입니다

女1 泉(いずみ)さんって、もしかして演劇やってた？
女2 中学のときに演劇部で。
女1 どうりで上手だと思った。

여1 이즈미 씨, 혹시 연극 했었어?
여2 중학교 때 연극부에서.
여1 어쩐지 잘한다 싶었어.

린코씨는 해보고 싶다

女1 元読モらしいですね。上坂(かみさか)さんの同級生の。
女2 どうりで。

여1 전에 독자 모델 했었다네요. 카미사카 씨 동창생.
여2 어쩐지. (그래서 예쁘구나)

사랑은 계속될 거야 어디까지나

女 母に言われました。「東京に行ったら、縁結びで有名な神様にお願いしてきなさい」と。どうやら我が家は代々「男運がない家系」だそうです。

여 엄마가 그랬어요. "도쿄에 가면 짝을 잘 맺어주는 신에게 빌고 오렴"이라고. 아무래도 우리 집은 대대로 '남자 운이 없는 집안'이란 것 같아요.

과보호의 카호코

男 お前がピカソを超えるって言ってくれた3枚の絵を見て考えたんだけど。どうやら俺はね、人物を描いたほうが、このあふれる才能を発揮できるタイプなんじゃないかなと思って。

남 네가 피카소를 뛰어넘을 거라고 한 3장의 그림을 보고 생각해 봤는데. 아무래도 난 말이야, 인물을 그리는 쪽이 이 넘치는 재능을 발휘할 수 있는 타입이 아닌가 싶어서.

うさんくさい

수상쩍다, 미심쩍다

먹기만 하면 살이 빠지는 약, 리스크 없이 수익률 높은 투자 상품, 처음 들어본 종교 단체…. 이렇게 어딘지 모르게 수상한 것들을 '수상쩍다'라고 할 때 うさんくさい라고 한다. 상대가 뭔가 숨기는 것 같아서 수상할 때는 怪(あや)しい라고 하고, '수상히 여기다'라고 할 때는 怪(あや)しむ라고 한다.

나기의 휴식

女 そんなうさんくさい職業のクラブ男が恋の相手なんて、全然少女漫画じゃありませんし、無職の私達が養(やしな)えるような相手ではありません。

여 그런 수상쩍은 직업의 클럽남이 연애 상대라니 전혀 순정 만화 같지 않고, 무직인 우리가 먹여 살릴 만한 상대가 아니에요.

행복해지자

女 あの…。どうして結婚相談所に？入会しといて言うのも何なんですけど。人の結婚でお金をもうけるなんて、何かうさんくさいなぁと思って。

여 저기, 왜 결혼상담소에서 (일해요)? 회원 가입 해놓고 이런 말 하는 것도 좀 그렇긴 하지만, 남의 결혼으로 돈 버는 게 뭔가 미심쩍기도 해서요.

사라진 첫사랑

男 そんなに否定すると、逆に怪しいなあ。

남 그렇게 부정하니 오히려 더 수상하네.

유니콘을 타고

女 会社を立ち上げてすぐの頃、私達には何の実績もなくて、どこに営業行っても、会社が実在するのかすら怪しまれて、渡した名刺は即ゴミ箱行き。

여 회사 시작한 지 얼마 안 됐을 때 우리한텐 아무 실적도 없어서, 어딜 영업 가도 회사가 실제로 존재하는지조차 의심받고, 건넨 명함은 곧장 쓰레기통으로 향했지.

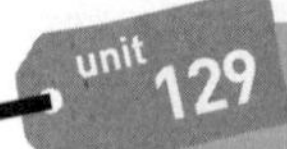

カマをかける (넌지시) 떠보다, 유도 질문하다
探りを入れる 속을 떠보다

カマをかける는 알고 싶은 정보를 직접적으로 묻지 않고, 넌지시 화제를 제시하고 원하는 내용을 알아내는 것을 의미한다. 보통 우리말로 '넌지시 떠보다'라고 하는 경우가 많은데, 좀 더 정확히는 '유도 질문하다'에 가깝다. 鎌(かま)をかける라고 쓰기도 하고 중간의 を는 생략하기도 한다. 비슷한 표현으로 探(さぐ)りを入(い)れる는 상대의 의향이나 상태를 알기 위해 속을 떠보거나 확인해 보는 것을 의미한다.

린코씨는 해보고 싶다

女 園子(そのこ)いわく、男性は疑(うたが)われることを嫌うという。だからそれとなくカマをかけて聞き出さなくてはいけないらしい。

여 소노코가 말하길 남자는 의심받는 걸 싫어한다고 한다. 그니까 넌지시 떠보고 알아내지 않으면 안 되는 것 같다.

세상에서 가장 어려운 사랑

男1 彼女が外国人と付き合ってるっていうのはホントなのか？

男2 あぁ、ベルギー人のガブリエルですよね？多分付き合ってます。

男1 多分？

男2 だって「ガブリエルと別れたの？」って鎌かけても否定しないんすよ。それって絶対付き合ってません？

남1 그녀가 외국인이랑 사귄다는 게 사실이야?

남2 아, 벨기에 사람 가브리엘이요? 아마 사귈 거예요.

남1 아마?

남2 그게 "가브리엘이랑 헤어졌어?" 라고 유도 질문해도 부정하지 않더라고요. 그건 분명히 사귄다는 거 아닐까요?

디어 시스터

女 今度、先生と会うときさ、私のこと呼んでよ。さりげなく探り入れてあげる。

여 다음에 선생님 만날 때 나 불러. 슬쩍 떠볼게.

早とちり

지레짐작이 틀림, 착각

오늘따라 근사한 레스토랑에서의 약속이라 프러포즈받을 거라고 생각했는데 아니었을 때, 남자친구가 매일 야근한다고 하길래 바람피운다고 의심했는데 정말로 야근했을 때처럼 확실하지 않은 것을 성급하게 지레짐작해서 틀렸을 때 早(はや)とちり라고 한다. 비슷한 표현으로 동안인 엄마와 딸을 자매로 잘못 생각하는 것처럼 순간적인 '착각'은 勘違(かんちが)い, 혼자서 자식을 키운 엄마의 인생은 불행하다고 생각했는데, 실은 자식을 바라보고 사는 게 엄마의 낙이고 행복이었을 때처럼 그동안 갖고 있던 틀린 생각은 思(おも)い違(ちが)い라고 한다. 우리말로는 모두 '착각'이라고 해도 되지만, 일본어는 좀 더 세세하게 구분된다.

오늘은 회사 쉬겠습니다

女1 昔と違って、大学院に行くと、就職するのが大変だって聞くわよ。

女2 あの…。田之倉(たのくら)君は私が一生養います！今、会社のほうからちょうど転職の話を頂いておりまして、総合職に転職すれば今よりも多少お給料も頂けますし。

女1 あの…。今日は悠斗(ゆうと)の進学の話をするつもりで来たんですけど、あなた達、結婚するの？ねぇ、今日はそういうお話？

男 いや、結婚の話じゃない。それに大学院行くのに、すぐに結婚とはならないよ。

女2 すいません。何かあの、私、**早とちり**して。ハハ…。

여1 옛날이랑 달라서 대학원에 가면 취직하는 게 힘들다고 하던데.

여2 저기, 타노쿠라는 제가 평생 먹여 살리겠습니다! 지금 회사에서 마침 이동 얘기도 있어서 총무직으로 옮기면 지금보다 다소 월급도 오를 테고요.

여1 저기, 오늘은 유토의 진학 얘기를 하려고 왔는데, 너희들 결혼하니? 오늘 그 얘기 하려던 거야?

남 아니, 결혼 얘기 아니야. 더구나 대학원 가는데 바로 결혼은 못 하지.

여2 죄송합니다. 뭔가 저기, 제가 지레짐작을 해서. 하하….

• Pop Quiz 13 •

 자연스러운 문장이 되도록 어울리는 표현을 골라서 적절한 형태로 만들어 넣으시오.

早とちり, 物心がつく, どうやら, 大人げない, ミスる, 探りを入れる, 愚痴る, うさんくさい, 最寄り, 元はと言えば

1. あぁ、靴のサイズ ________________ 。

2. 私はぐだぐだめんどくさいことをひたすら ________________ ってるだけの嫌な女だ。

3. ________________ 君のせいなんじゃないの！

4. 私は ________________ ころには親がいなくて、ずーっとおばあちゃんに育てられた。

5. 何なのよ。小学生相手に ________________ ない。

6. A: 調べたら ________________ 駅まで徒歩で３時間です。

   B: ん…？それはもはや ________________ なのか？

7. ________________ 恋の始まりには理由なんてないみたい。

8. ネットで知り合ったそんな ________________ 奴の話、真に受けてんの？

9. 誕生日に何が欲しいか、それとなく ________________ みよう。

10. 隣の家から煙が出て通報したんだけど、火事じゃなかった。私の ________________ だった。

CHAPTER 14

Chapter 13 정답

1. ミスった 2. 愚痴 3. 元はと言えば 4. 物心ついた 5. 大人げ 6. 最寄り 7. どうやら 8. うさんくさい 9. 探りを入れて 10. 早とちり

半分こ 반띵, 반으로 나눔
折半 절반, 반으로 나눔, 반분함

'반으로 나눔'이란 뜻의 半分(はんぶん)こ와 가장 비슷한 우리말은 '반띵'이다. 음식을 반씩 나눠 먹거나, 양이 많은 물건을 절반씩 부담하고 하나를 사서 나눌 때도 쓸 수 있다. 비슷한 표현인 折半(せっぱん)도 '절반', '반으로 나눔', '반분함'이란 뜻이다.

멘탈 강한 미녀 시라카와 씨

女1 部長の福岡土産、半分こしよう！
女2 町田(まちだ)さん優しい！でも全然慣れてるんで。
女1 優しさじゃない！白川(しらかわ)さんがもらってくれたら、私の摂取(せっしゅ)カロリーも半分。おいしさも半分こ！一石二鳥。

여1 부장님 후쿠오카 기념품 반띵하자!
여2 마치다 씨는 상냥해! 하지만 익숙해져서 괜찮아요.
여1 상냥함이 아니야! 시라카와 씨가 받아주면 내 섭취 칼로리도 절반. 맛도 반띵! 일석이조.

꽃미남이여 밥을 먹어라

男 大鶏排(ダージーパイ)を好きな人と半分こで食べると、両思いになれるんだって。

남 더지파이를 좋아하는 사람과 반씩 나눠 먹으면 서로 좋아하게 된대.

아직 결혼 못하는 남자

男1 若い世代がお金がないから結婚できないって話を聞くじゃないですか。でも結婚して共稼ぎすれば、家賃とか食費とか光熱費とか折半できるんで、むしろ金がない人ほど結婚した方がいいっていえますね。
男2 金がない男と結婚したい女がどれほどいるかという問題を解決できたらな。

남1 젊은 세대가 돈이 없어서 결혼을 못 한다고 하잖아요. 근데 결혼해서 맞벌이하면 방값이나 식비나 공과금 같은 거 반반씩 내면 되니까, 오히려 돈 없는 사람일수록 결혼하는 게 좋다고 할 수 있죠.
남2 돈 없는 남자와 결혼하려는 여자가 얼마나 있을까 하는 문제를 해결한다면야.

見向きもしない 거들떠보지도 않다
目もくれない 눈길도 한 번 안 주다, 거들떠보지도 않다

見向(みむ)きは '돌아다봄'이란 뜻으로 見向きもしない라고 하면 '돌아다보지도 않다' 즉 '거들떠보지도 않다'는 의미가 된다. 비슷한 표현으로 目(め)もくれない도 '눈길도 한 번 안 주다', '거들떠보지도 않다'란 뜻이다.

꽃보다 남자

男 よく、聞きなさい。パパはな、パパは… なんと、係長、昇進が決まりました！！他のことには見向きもせず、一心に仕事に打ち込んだからこそ、今日のパパがあるんです！

남 잘 듣거라. 아빠가 말이야, 놀랍게도 계장 승진이 결정됐습니다!! 다른 건 거들떠보지도 않고, 오로지 일에만 몰두한 결과 오늘의 아빠가 있는 거란다!

검은 가죽 수첩

女1 だけど、水商売とかやった事ないし…。

女2 やる気さえあれば誰でも出来る。派遣とは違って、頑張れば頑張っただけ稼げるし、派遣だった頃には見向きもしてくれなかった人とも対等に話せる。

여1 그래도 물장사 같은 거 해본 적도 없고….

여2 할 마음만 있으면 누구나 할 수 있어. 파견 사원과는 달라서 노력하면 노력한 만큼 벌 수 있고, 파견이었을 때는 거들떠보지도 않던 사람과도 대등하게 얘기할 수 있지.

커피, 어떠신지요

男 父さんが子煩悩(こぼんのう)？フッ、無理があるだろ、それ。あの人はいつも忙しくて、僕に目もくれたことがないよ。ただの一度も。

남 아버지가 자식을 끔찍이 사랑한다고? 말도 안 돼, 그건. 그 사람은 맨날 바빠서 나한테 눈길 한 번 준 적 없어. 단 한 번도.

unit 133 気を引く 관심을 끌다
目に留まる 눈에 띄다, 눈에 들어오다

여기서 気는 '마음'인데, 気(き)を(사람의 마음을) 引(ひ)く(끌다)라고 하면 곧 '관심을 끌다'란 뜻이다. 관련 표현으로 目(め)に留(と)まる는 무엇을 보고 관심이 생기거나 인상적이었을 때 '눈에 띄다', '눈에 들어오다'란 의미이다.

고

女 私の周りの男子はみんな「俺は有名になる」って言うよ。
男 それは君の気を引きたいんでしょ。
女 君は私の気を引きたくないの？

여 내 주위 남자는 모두 "난 유명해질 거야."라고 말해.
남 그건 네 관심을 끌고 싶어서겠지.
여 넌 내 관심 끌고 싶지 않아?

수염을 깎다. 그리고 여고생을 줍다.

女 ウチはさ、昔っから両親とも忙しくて、あの広い家でずっと放置されてたんだ。で、両親の気を引きたくてギャルのカッコしてみたけど、母親は卒倒(そっとう)するわ、父親はマジギレするわでさ。

여 난 말야, 옛날부터 부모님 둘 다 바빠서 그 넓은 집에 쭉 방치됐었어. 그래서 부모님 관심을 끌고 싶어서 날라리 차림을 해봤는데, 엄마는 졸도하지, 아빠는 노발대발하지.

독신 귀족

男 新しく入った見習いです。脚本家志望で、彼女の書いた本が社長の目に留まりまして。

남 새로 들어온 수습입니다. 각본가 지망인데, 이 사람이 쓴 각본이 사장님 눈에 띄어서요.

프리즘

男 彼女、阿佐ヶ谷(あさがや)の園芸店(えんげいてん)でバイトしてたんです。彼女の作るテラリウムが目に留まって。

남 이 사람은 아사가야의 원예점에서 아르바이트했었어요. 그녀가 만드는 테라리엄이 눈에 띄어서요.

興味が湧く

관심이 생기다, 흥미가 생기다

직역하면 '흥미가 솟다'인데, '어떤 분야에 관심이 생기다', '어떤 사람에게 흥미가 생기다'라고 할 때 興味(きょうみ)が湧(わ)く라고 표현한다. 관련 표현으로 '관심이나 흥미를 가지다'는 興味を持(も)つ, '관심이나 흥미가 있다'고 할 때는 興味を持っている라고 한다.

결혼 상대는 추첨으로

女 あなた、私に興味がないんですか？そんな簡単に「断ってください」なんて、結論、出さないでよ。お見合いなんだから、もっと話しましょうよ。

男 でも、僕になんか、興味、湧きませんよね？

女 えっ？えっと…。これからよ。興味が湧くかどうかはこれから。判断できるほど、まだ話してないじゃない。

여 당신, 저한테 관심 없나요? 그렇게 간단하게 "퇴짜 놔주세요."라고, 결론 내지 마세요. 맞선이니까 좀 더 얘기해 봐요.

남 하지만 저 같은 사람한테 관심 생기지 않잖아요?

여 네? 어… 지금부터죠. 관심이 생길지 어떨지는 지금부터. 판단할 수 있을 정도로 아직 얘기하지 않았잖아요.

연애 만화가

男の子 あいこさん、今日は何の会社の面接なんですか？

女 編集プロダクション。刈部(かりべ)さんと向後(こうご)さん見てたら興味が湧いて。

남아 아이코 씨, 오늘은 무슨 회사 면접이에요?

여 편집 프로덕션. 카리베 씨랑 코고 씨 보고 관심이 생겨서.

전남친 ← 리트라이

男 あれから考えたんですが…。以前から興味を持っていたスポーツ関係の仕事に進むことを決めました。

남 그 이후로 생각해 봤는데요…. 전부터 관심이 있었던 스포츠 관련 일 쪽으로 하려고 결정했습니다.

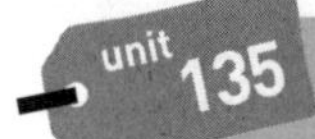

興味津々

(~에 대해) 매우 관심이 많음, 흥미가 넘침

한국과 일본에서 '흥미진진'의 의미와 사용법은 조금 다르다. 우리는 어떤 이야기나 상황이 매우 흥미로울 때 '흥미진진하다'라고 말하지만, 일본에서는 이야기가 아니라 사람에게 초점을 맞추어, 사람이 무엇에 대해 큰 관심이나 흥미를 가질 때 興味津々(きょうみしんしん)이라고 한다. 명사형의 우리말을 만든다면 '흥미 왕성'에 가깝다.

아오하라이드

女 「青春は恋の季節だ」ってみんなは言う。わくわく、そわそわ。男子の話に**興味津々**。

여 '청춘은 사랑의 계절이다'라고 다들 말한다. 두근두근, 들썽들썽. 남자 얘기에 관심이 많다.

그녀도 여친

男 すまない！咲(さき)ちゃんはエッチに**興味津々**なのに、我慢させることになってしまって。

남 미안해! 사키가 섹스에 관심이 많은데 참게 만들어버려서.

퍼스트 러브 하츠코이

女1 旅の経験は？興味ない？
女2 そんなことは。どちらかと言えば、**興味津々**。

여1 여행 경험은요? 관심 없어요?
여2 그렇진 않아. 오히려 관심 많아.

늦게 피는 해바라기 ~나의 인생, 리뉴얼~

女1 かほり、この前の話やけど。
女2 お見合い？
女3 ねえ、子供たちもいるから。
女2 全然、構わんよ。むしろ**興味津々**かも。

여1 카호리, 저번에 했던 얘기 말인데.
여2 맞선?
여3 좀, 애들도 있는데.
여2 전혀 상관없어. 오히려 관심 많을걸.

話をそらす 얘기를 딴 데로 돌리다
話がそれる 얘기가 옆길로 새다

そらす는 '(딴 데로) 돌리다'란 뜻으로, 話(はなし)をそらす라고 하면 '얘기하고 싶지 않은 이야기의 화제를 딴 곳으로 돌리다'란 뜻이다. 관련 표현으로 '얘기가 옆길로 새다'는 '빗나가다', '벗어나다'란 뜻의 それる를 써서 話がそれる라고 한다.

내 이야기는 길어

男 ばあちゃんをこれ以上、悲しませるな。無職の息子だけならまだしも、不登校の孫まで家に置いて一生懸命働いてるんだよ。どんな気持ちか考えろ！

女 自分のこと棚に上げて、よくそんなこと言えるね？

男 ばあちゃんを悲しませるのは俺一人で十分足りてるの！

女 じゃあ、満兄(みつる)ちゃんが働きなよ。

男 **話をそらすな**！

남 할머니를 더 이상 슬프게 하지 마. 무직인 아들까진 그렇다 치더라도 등교 거부하는 손주까지 집에 두고 열심히 일하고 계신다고. 어떤 마음일지 생각해 봐!

여 자기 문제는 따지지 않고 잘도 그런 말을 하네?

남 할머니를 슬프게 하는 건 나 하나만으로 충분해!

여 그럼, 미츠루 삼촌이 일을 해.

남 얘기 딴 데로 돌리지 마.

내 이야기는 길어

女 **話をそらして**ごまかすんじゃないよ。

여 얘기 딴 데로 돌려서 얼버무리지 마.

저 결혼 못 하는 게 아니라, 안 하는 겁니다

女 あッ、**話それましたね**。何でしたっけ？ああ、そうだ。結婚。だからそんなには焦ってなくて、そのときがきたらするのかな。フィーリングが合えば。

여 앗, 얘기가 옆길로 샜네요. 뭐였죠? 아, 맞다. 결혼. 그니까 그렇게 조급한 건 아니고 때가 되면 하겠지 하고. 느낌이 통하면.

話し込む 한창 이야기하다, 이야기가 길어지다
話が弾む 이야기가 활기를 띠다

오랜 시간 이야기에 열중하는 것을 話(はな)し込(こ)む라고 하는데, 보통 이야기가 길어졌을 때 '얘기가 길어지다'란 의미로 많이 쓴다. 관련 표현으로 話(はなし)が弾(はず)む는 '이야기가 활기를 띠다', '이야기꽃이 피다'란 의미로, 会話が弾む(대화가 활기를 띠다)라고도 많이 한다.

저, 운명의 사람입니다

女1 おかえり。随分、遅かったね。
女2 うん、三恵(みつえ)と話し込んじゃって。

여1 어서 와. 많이 늦었네.
여2 응, 미츠에랑 얘기가 길어져서.

린코씨는 해보고 싶다

女 ごめんなさい。遅くなっちゃって。
男 いや、大丈夫。俺も支配人と話し込んじゃったし。

여 죄송해요. 늦어져서.
남 아뇨, 괜찮아요. 나도 지배인과 얘기가 길어져서.

콰르텟

女 街なかで知り合いに会って、10分ぐらい話し込んでから、この人、知らない人だって、気づいたことないですか？

여 길에서 아는 사람 만나서 10분 정도 한창 얘기하고 나서야, 이 사람 모르는 사람이란 걸 깨달은 적 없나요?

내가 연애할 수 없는 이유

女 それでも空気が沈んじゃったら、究極のお助けワード。「おなかすいた」だよ。食事してるときは、相手に心を開きやすくなってるからね。まあ、初対面の相手でも自然に会話が弾むもんよ。

여 그래도 분위기가 가라앉아 있으면 궁극의 구원의 한마디는 바로 "배고파."야. 식사할 때는 상대에게 마음을 쉽게 열게 되니까. 뭐, 초면의 상대라도 자연스럽게 대화가 활기를 띠는 거지.

unit 138

ごちゃごちゃ

어쩌고저쩌고, 이러쿵저러쿵, 복잡하다, 어지럽다

사전에는 ごちゃごちゃ가 '어지러이 뒤섞인 모양'이라고만 나오는데, '복잡하다', '어지럽다'란 의미로도 쓰지만, 시시콜콜 성가시게 불평하거나 잔소리하는 모양으로 좀 더 많이 쓰인다. ごちゃごちゃ言う는 '이러쿵저러쿵 말하다', ごちゃごちゃうるさい는 '어쩌고저쩌고 시끄럽다', ごちゃごちゃ考える는 '복잡하게 생각하다'란 의미이다.

 **파견 점술사 아타루**

男 シンシアさんに全部お任せしますんで、自由にやってください！うちの上がごちゃごちゃ文句言っても、僕がなんとかしますから！

남 신시아 회사에 모두 맡길 테니 자유롭게 작업해 주세요! 저희 윗선에서 이러쿵저러쿵 불평해도 제가 어떻게든 해볼 테니까요!

 **콩트가 시작된다**

男 ごちゃごちゃうるさいな。文句、言うんだったら、解散ライブ、終わった後にしてよ。

남 어쩌고저쩌고 시끄럽네. 불평할 거면 해산 라이브 끝난 후에 해.

 **집필 불가! 각본가 케이스케 씨의 각본 없는 인생**

女 圭(けい)ちゃん、大チャンスなのよ、これは。受けたからにはやるしかないでしょ。よけいなこと、ごちゃごちゃ考えない！

여 케이, 엄청난 기회야, 이건. 일을 수락한 이상 할 수밖에 없잖아. 쓸데없는 거 복잡하게 생각하지 마!

나의 누나

女 これはもうネイルアート超えて絵画(かいが)だね。印象派(いんしょうは)。

男 ごちゃごちゃした爪で料理とかって、なんていうか…、ちょっと引くっていうか、料理できなさそうじゃん。

여 이건 뭐, 네일아트를 뛰어넘어 그림이네. 인상파 그림.

남 야단스러운 손톱으로 요리 같은 건 뭐랄까…. 좀 깬다고 할지, 요리 못 할 것 같잖아.

unit 139

時間を割く

시간을 내다, 시간을 할애하다

割く는 '가르다', '쪼개다'란 뜻으로, 時間を割く라고 하면 우리말의 '시간을 쪼개다'처럼 시간이 많지 않은데 무엇을 위해 일부러 '시간을 내다', '시간을 할애하다'란 뜻이 된다.

저, 운명의 사람입니다

女1 三恵、何言ってんの？今すぐ別れな。私達にそんな余裕あると思う？もうすぐ… 30歳だよ？

女2 まだ30歳じゃん。

女1 無駄な恋愛に時間割いてたら、後で、取り返しのつかないことになるから。

여1 미츠에, 무슨 소리 하는 거야? 지금 당장 헤어져. 우리에게 그런 여유가 있는 것 같아? 곧 서른이라고.

여2 아직 서른이잖아.

여1 소용없는 연애에 시간을 쓰면 나중에 되돌릴 수 없게 된다니까.

정직 부동산

男 売れるかどうか分からない微妙な物件に時間を割くのは、コスパが悪すぎる。俺はスピードを最優先する。

남 팔릴지 어떨지 알 수 없는 미묘한 매물에 시간을 할애하는 건 효율이 너무 안 좋아. 나는 속도를 최우선으로 해.

전개걸

男 お忙しい中、突然お邪魔してすいません。

女 私の時間を割く価値のある話なんでしょうね？

男 はい。

남 바쁘신데 갑자기 찾아와서 죄송합니다.

여 제 시간을 할애할 가치 있는 얘기겠지요?

남 네.

드래곤 사쿠라

男 くだらねえことに時間と労力を割かれるより、今は勉強の時間を確保する方が大切だろ？

남 하찮은 일에 시간과 노력을 들이는 것보다 지금은 공부할 시간을 확보하는 쪽이 중요하잖아?

立て込む 일이 많다, 일이 밀리다, 바쁘다
手が離せない 바빠서 다른 걸 할 수가 없다

立て込む(たてこむ)는 갑자기 일이 몰려 다른 걸 할 여유가 없을 때 사용하는 표현으로, 상황에 따라 '일이 많다', '일이 밀리다', '바쁘다'란 뜻으로 쓴다. 비슷한 표현으로 手が離せない(てがはなせない)는 '바빠서 일손을 놓을 수가 없다', '바빠서 다른 걸 할 수가 없다'란 뜻이다.

 데이지 럭

女 私、連絡、待ってたんですけど。
男 ああ、ごめん。ここんとこ、ずっと仕事が立て込んでて。

여 저, 연락 기다리고 있었는데요.
남 아, 미안. 요즘 계속 일이 많아서.

 별 볼 일 없는 나를 사랑해 주세요

女 ごめんなさい。今日はちょっと立て込んでいて、クリスマスローズを届けにいけそうにありません。

여 죄송해요. 오늘은 좀 바빠서 크리스마스 로즈 갖다주러 못 갈 것 같아요.

 이건 경비 처리할 수 없습니다!

男1 あれ？契約書はまだ出来てないのかな？
男2 ああ、申し訳ありませんね。ちょっと立て込んでおりましてね。

남1 어? 계약서 아직 안 됐어?
남2 아, 죄송합니다. 일이 좀 밀려서.

 미안하다, 사랑한다

女 今ちょっと手が離せないんだ。あとで、また電話くれる？

여 지금 좀 바빠. 나중에 다시 전화 줄래?

• Pop Quiz 14 •

 자연스러운 문장이 되도록 어울리는 표현을 골라서 적절한 형태로 만들어 넣으시오.

> 興味津々, ごちゃごちゃ, 話そらす, 気を引く, 立て込む, 半分こ, 時間を割く, 見向きもしない, 話し込む, 興味湧く

1. 残りのロールキャベツ ________________ しない？

2. 今の私じゃ ________________ もされない。もっと頑張って、ましな人間にならなきゃ。

3. 男の子が 好きな女の子にいたずらするのは ________________ ためでしょ。

4. このコスプレ雑誌、1回読んでみて。________________ きたら、一緒にコスしてみない？

5. 私は今、周りで起こる事全てに ________________ なんです。こんな好奇心が子どもの頃からあれば、ノーベル化学賞も狙えたかも。

6. A : そんなに好きだったのに、何で別れたの？

   B : そっちこそ、彼女とはどうなってんのよ、その後。

   A : ________________ で！

7. ごめん。友達と ________________ たら遅くなって折り返さなかった。

8. お前、いつも ________________ うるさいんだよ。

9. 今、そんなことに ________________ る場合じゃない。

10. このところ仕事が ________________ て、旅行に行く余裕ありません。

CHAPTER 15

141 バタバタする / 慌ただしい

142 テンパる / パニクる

143 居ても立ってもいられない

144 改めて

145 改まって

146 開き直る

147 面と向かって

148 噂をする

149 どういう風の吹き回し？

150 コツ / 極意

Chapter 14 정답

1. 半分こ 2. 見向き 3. 気を引く 4. 興味湧いて 5. 興味津々 6. 話そらさない 7. 話し込んで8. ごちゃごちゃ 9. 時間を割いて 10. 立て込んで

バタバタする 분주하게 뛰어다니다, 허둥지둥하다
慌ただしい 분주하다, 어수선하다

정신없이 분주하게 바쁜 모습을 バタバタ라고 하고, バタバタする라고 하면 '분주하다', '바쁘다', '정신없다'라는 의미가 된다. 비슷한 표현인 慌(あわ)ただしい도 '분주하다', '어수선하다'란 뜻이다.

이건 경비 처리할 수 없습니다!

女 お仕事、大丈夫ですか？最近、忙しそうですね。
男 俺、格馬(かくま)専務の新規プロジェクトに参加することになったんです。その準備でちょっとバタバタしてて。

여 일 괜찮아요? 요즘 바쁜 것 같네요.
남 카쿠마 전무님 새 프로젝트에 참가하게 됐어요. 그 준비로 좀 바빠서요.

와다가의 남자들

男 どうしたんですか？
女 和田(わだ)さんが電話に出ないから。
男 ああー… あっ… 取材でバタバタしてて…。ごめんなさい。

남 어쩐 일이에요?
여 와다 씨가 전화를 받지 않아서요.
남 아… 아… 취재하느라 정신이 없어서요. 죄송합니다.

연하 남자친구

女 ミツルは？大学どう？
男 俺も結構バタバタしてるよ。飲み会に、サークルの旅行に、マージャンの約束に…。

여 미츠루는? 대학 생활 어때?
남 나도 꽤 바쁘게 지내. 술자리에, 동아리 MT에, 마작 약속에….

희미한 그녀

男 今日は慌ただしいですね。一日中、会議続きだ。

남 오늘은 분주하네요. 온종일 회의 연속.

テンパる 매우 긴장하다, 매우 당황하다, 얼어버리다
パニクる 당황해서 어쩔 줄 모르다, 멘붕이다

마작에서 마지막 한 패가 들어오면 이기는 상태를 テンパイ라고 하는데, 여기에 る를 붙여 동사화한 단어가 テンパる이다. 마음 속에 여유가 없고 초조함과 불안함이 가득하게 되는 것을 뜻하며, 우리말로 '매우 긴장하다', '매우 당황하다', '얼어버리다' 등의 의미가 된다. 그리고 パニック(패닉)를 동사화한 단어 パニクる는 '매우 당황하다', '멘붕이다'란 뜻으로 사용한다. 참고로, 당황해서 허둥지둥하는 것을 あたふたする라고 한다.

 아프로 다나카

男 こいつはね、こないだうちに入ったばっかの新入りなんだけど。みんながね、超かわいすぎるからテンパっちゃってるけどさ。いいヤツだから祝ってやってよ～。

남 이 녀석은 얼마 전에 우리 회사에 막 들어온 신입이야. 다들 너무 예뻐서 많이 긴장했는데, 좋은 녀석이니까 축하해줘~.

 스미카 스미레

男 大丈夫？なんか、すげえテンパってるけど。

남 괜찮아? 뭔가 엄청 긴장한 것 같은데.

 귀엽기만 한 게 아닌 시키모리 양

男 式守(しきもり)さん、全然緊張しないね。僕、すごくパニクっちゃった。

女 何、言ってるんですか。好きな人の家に来たんだから、するに決まってる。

남 시키모리 씨는 전혀 긴장 안 하네. 난 엄청 안절부절못했어.

여 무슨 소리예요? 좋아하는 사람 집에 왔는데 긴장하는 게 당연하지.

 18/40 ~두 사람이라면 꿈도 사랑도~

男 ごめん。ちょっと考える時間、ちょうだい。俺、今、完全にパニクってるから。

남 미안. 잠깐 생각할 시간을 줘. 나 지금 완전 멘붕이야.

居ても立ってもいられない

어찌할 바를 모르다, 가만히 있을 수 없다, 안절부절못하다

직역하면 '앉아도 서도 안정이 안된다'인데, 흥분, 기대, 불안, 걱정 등으로 진정되지 않는 마음에 '어찌할 바를 모르다', '가만히 있을 수 없다,' '안절부절못하다'란 의미로 居(い)ても立(た)ってもいられない라고 한다. 그냥 히라가나로 쓰기도 한다.

실연 쇼콜라티에

男 いらっしゃい。紗絵子(さえこ)さん。久しぶりだね。元気だった？ 女 うん。元気だったよ。爽太(そうた)君のメール見て新作って書いてあったから、居ても立ってもいられなくなって。	남 어서 와, 사에코 씨. 오랜만이네. 잘 지냈어? 여 응. 잘 지냈어. 소타의 문자 보고 신작이란 말에 가만있질 못하겠더라고.

나를 위한 한끼 ~포상밥~

女 実は私、無類(むるい)のパンオタクでして。最近、こういう変わったネーミングの食パン屋さんがはやってるってのを聞いて、居ても立ってもいられず通いまくってるの。	여 실은 나 엄청난 빵덕후야. 요즘 이런 특이한 이름의 식빵 가게가 인기 있다는 말을 듣고, 가만있을 수가 없어서 마구 다니고 있어.

그녀는 예뻤다

男 ホテルが火事だって聞いたとき、血の気が引いた。君に何かあったらどうしようって、いてもたってもいられなくなった。	남 호텔에 화재가 났다는 말을 들었을 때 새파랗게 질렸어. 너한테 무슨 일이 있으면 어쩌지 하고 안절부절못하게 됐어.

사랑입니다! ~양키 군과 흰지팡이 걸~

男 虹町(にじまち)駅のホームで白杖(はくじょう)の人が転落したって聞いて、もう、ユキコさんだったらって思ったら、居ても立ってもいらんなくて…。	남 니지마치역 승강장에서 흰 지팡이 든 사람이 추락했다는 말을 듣고, 만약 유키코 씨면 하고 생각했더니 어찌해야 할지 모르겠어서….

改めて

다른 기회에, 다시, 새삼스럽게

改めて는 '다른 기회에', '새삼스럽게'란 뜻으로, 어떤 사실을 다시 깨닫게 되었을 때 改めて思う, 改めて分かる, 改めて感じる라고 하면 '새삼 깨닫다', '다시 한번 깨닫다'란 의미가 된다. 여건이 되지 않아 '다른 날로 하다', '다시 날을 잡다'라고 할 때는 日を改める라고 한다. 改めて乾杯(다시 한번 건배), 改めておめでとう(다시 한번 축하)처럼 쓰기도 하고, '다음에 다시'라고 할 때는 また改めて라고 한다.

나의 누나

男 なんかさ、営業の帰りとかさ、上司と何、話していいか分かんないときない？
女 ない。
男 何しゃべってんの？
女 改めて聞かれると分からん。けど、普通にいろいろしゃべってる。

남 뭔가 영업하고 돌아갈 때 상사랑 무슨 얘기 해야 좋을지 모를 때 없어?
여 없어.
남 무슨 얘기 하는데?
여 새삼스럽게 물어보니 모르겠네. 그래도 별다를 것 없이 여러 가지 얘기해.

닥터 화이트

男 俺たち、もう１度やり直せないかな？今日改めて思ったよ。仕事してる麻里亜、かっこいいって。

남 우리 다시 한번 잘해보지 않을래? 오늘 다시 한번 깨달았어. 일하는 마리아 모습 멋지다고.

그랑 메종 도쿄

女 オープン当初は混乱しますので、日を改めて、ご招待を。

여 오픈 처음에는 어수선하니까 다른 날에 초대하는 게.

온나노코키라이

女 では、また改めて連絡させていただきます。

여 그럼 다음에 다시 연락드리겠습니다.

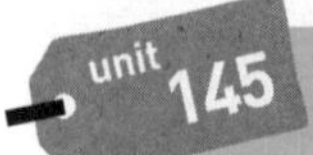

改まって

갑자기 진지하게, 새삼스럽게, 분위기 잡고

改(あらた)まる는 '새삼스레 격식을 차리다'란 뜻이다. 상대가 갑자기 진지한 모드로 얘기하거나, 갑자기 진지하게 할 말이 있다고 할 때 改(あらた)まって를 써서 이유를 묻는 경우가 많은데, '갑자기 진지하게', '새삼스럽게', '분위기 잡고'란 뜻이다.

유니콘을 타고

女 今日はみんなに、私から話したいことがあります。

男 何？改まって。

여 오늘은 모두에게 제가 하고 싶은 얘기가 있습니다.

남 뭐야? 갑자기 진지하게?

오늘 밤은 코노지에서 시즌2

女1 ミキちゃん。ちょっと相談したいことがあるんだけど。

女2 改まって、何ですか？先生。

여1 미키. 잠깐 상의할 게 있는데.

여2 갑자기 진지하게 뭐예요? 선생님.

오늘 밤은 코노지에서

男 先輩、今日もいいコの字をありがとうございました。

女 えっ、なによ、改まって。てか、もう1軒行くわよ。

남 선배님, 오늘도 좋은 코노지 술집 감사합니다.

여 뭐야 새삼스럽게. 그보다 한 군데 더 갈 거야.

콩트가 시작된다

男 こんな改まって言うほどのことでもないんだけど。6月で、マクベス、解散することになりましたんで。

남 이렇게 분위기 잡고 얘기할 정도는 아닌데, 6월에 맥베스 팀을 해산하기로 해 가지고.

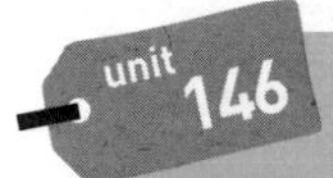

開き直る

정색하고 뻔뻔하게 나오다, 태도를 바꿔 대담해지다

잘못을 한 상대방이 오히려 정색하고 뻔뻔하게 나오거나, 궁지에 몰린 상황에서 오히려 대담하게 행동하는 것을 開き直る(ひらきなおる)라고 한다. '정색하고 뻔뻔하게 나오다', '태도를 바꿔 대담해지다'란 의미이다.

메꽃 ~평일오후 3시의 연인들~

女1 主人、好きな人がいる気がするんです。勘だけど。

女2 別れたくなかったら、詮索(せんさく)しない方がいいわよ。妻が騒げば、逃げ場を失って、開き直るだけよ。

여1 남편한테 좋아하는 사람이 있는 것 같아요. 느낌이긴 하지만.

여2 헤어지고 싶지 않다면 파고들지 않는 게 좋아. 아내가 소란을 피우면 도망갈 곳을 잃고 적반하장으로 나올 뿐이야.

한바탕 소동이라면 기꺼이!

女 これはれっきとした経歴詐称(さしょう)です。

男 大げさだな。僕が僕にふさわしいスペックを自称(じしょう)して、何が悪い？

女 開き直り？

여 이건 엄연한 경력 사칭이에요.

남 호들갑 떨기는. 내가 나에게 어울리는 스펙을 자칭하는 게 뭐가 잘못됐어?

여 뻔뻔하게 나오기?

아프로 다나카

男 俺は、この母親譲(ゆず)りの癖毛(くせげ)のおかげで、いじめられていた。でもあるとき、開き直って癖毛を伸ばしたら、アフロヘアに進化した。

남 나는 이 엄마한테 물려받은 곱슬머리 덕분에 괴롭힘을 당했다. 하지만 어느 순간 대담하게 곱슬머리를 폈더니 아프로 헤어스타일로 진화했다.

面と向かって

얼굴 보고, 마주보고, 면전에서

面(めん)은 '얼굴'이고, 向(む)かう는 '마주보다', '대하다'란 뜻이다. 그래서 面と向かう는 전화나 메일이 아니라 직접 얼굴을 마주하는 것을 의미한다. 面と向かって라고 하면 '얼굴 보고', '마주보고', '면전에서'란 뜻이 된다.

꽃보다 남자 2 리턴즈

女 言いたいことあるんだったら、面と向かって言えばいいじゃない。

여 말하고 싶은 게 있으면 얼굴 보고 말하면 되잖아.

거짓말의 전쟁

男 いや～久しぶりだな。こうやって、ひとと面と向かって将棋(しょうぎ)指(さ)すの。もういつもネットのさ、ゲーム対戦ばっかだもん。

남 야~ 오랜만이다. 이렇게 사람과 마주보고 장기 두는 거. 항상 인터넷의 대전 게임만 해 가지고.

멘탈 강한 미녀 시라카와 씨

女1 人から向けられた悪意って、何年たってもつきまとうんです。
女2 白川(しらかわ)さんもあるの？
女1 フフッ… ありますよ～！面と向かって、ブスとか言われたり。

여1 남한테 들은 악의 있는 말은 몇 년이 지나도 따라다녀요.
여2 시라카와 씨도 있어?
여1 후훗, 있죠! 면전에서 못생겼다고 하고.

피넛 버터 샌드위치

女 ちゃんと、面と向かってお別れしたくて。会うのは、これで最後にしよう。

여 제대로 얼굴 보고 헤어지고 싶어서. 만나는 건 이걸 마지막으로 해.

噂をする

남 얘기를 하다

噂(うわさ)는 보통 '소문'이라고 알고 있는데, 풀어서 말하면 '어떤 사람이나 일에 대한 말'이다. 그래서 噂をする라고 하면 '(남) 얘기를 하다'란 뜻이 된다. を를 생략하는 경우가 많다. 어떤 사람에 관해 얘기하고 있었는데, 마침 그 사람이 오거나, 그 사람에게서 전화나 문자가 올 경우 '호랑이도 제 말 하면 온다더니'란 의미로 噂をすれば, 噂をすれば何とやらだ, 噂をしたら 등으로 말한다.

슬로우 댄스

女 みんな、噂してますよ。次は、牧野(まきの)店長がエリアマネージャーだろうって。

여 다들 얘기하고 있어요. 다음은 마키노 점장님이 구역 매니저가 될 거라고.

사랑입니다! ~양키 군과 흰지팡이 걸~

男 ねぇ、今、僕のこと噂してなかった？

남 저기, 방금 내 얘기 하고 있지 않았어?

어이 미남!!

女 (くしゃみ) 誰だ？私の噂してんのは。

여 (재채기) 누구야? 내 얘기 하는 게.

이 첫사랑은 픽션입니다

女1 ノジ君のどこが好きですか？
女2 ないない。ないない。
男 おはよう。
女1 おお～、噂をすれば。早く行くよ。もう～。どうぞ、お二人でどうぞ～。

여1 노지의 어디가 좋은가요?
여2 (좋은 곳) 없어. 없어.
남 안녕.
여1 오~ 호랑이도 제 말 하면 온다더니. 먼저 갈게. 자, 그럼 둘이 얘기해~.

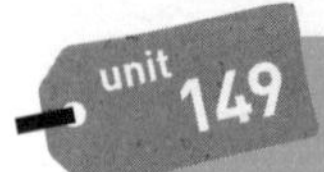

どういう風の吹き回し？

무슨 바람이 불어서?, 무슨 바람이야?

좀처럼 오지 않거나 올 일이 없던 사람이 갑자기 찾아왔거나, 평소와 달리 상냥하거나, 열심이거나 하는 등 평소 못 보던 행동을 하는 사람에게 '무슨 바람이 불어서?', '무슨 바람이야?'란 뜻으로 どういう風(かぜ)の吹(ふ)き回(まわ)し？라고 한다.

 이건 경비 처리할 수 없습니다!

男 何回誘っても来てくれなかったのに、どういう風の吹き回し？
女 ちょっと有休取って遊びに来ちゃった〜。土井(どい)さんに会いたくなって。

남 몇 번이나 불러도 오지 않더니 무슨 바람이 불어서?
여 잠깐 휴가 내서 놀러 와버렸죠~. 도이 씨가 보고 싶어져서.

 굿모닝 콜

女1 えっ、すごい。これ、菜緒(なお)ちゃんの手作り？
女2 節約のためにもこれからはお弁当作ろうと思ってさ。
女3 いっつも寝坊するくせに、どういう風の吹き回し？

여1 우와, 굉장하다. 이거 나오가 직접 만든 거야?
여2 절약하기 위해서라도 앞으로 도시락 싸오려고.
남3 맨날 늦잠 자는 주제에 무슨 바람이야?

 파견 점술사 아타루

男 これ、プリン買ってきたから、みんなで食べて。
女1 あっ… すいません。ありがとうございます。
女2 どういう風の吹き回しですかね？

남 이거, 푸딩 사왔으니까 다 같이 먹어.
여1 아, 뭘 이런 걸. 감사합니다.
여2 무슨 바람이 불어서 이러실까요?

 전력으로 사랑해도 될까?

女 どういう風の吹き回し？千世(ちよ)がお料理、教えてほしいなんて。

여 무슨 바람이 분 거야? 치요가 요리를 알려달라고 하다니.

unit 150

コツ 요령, 비결
極意 비결, 비법

공부를 잘하는 비결, 이성을 꼬시는 비결, 맛있게 만드는 비결, 문제를 빨리 푸는 요령, 이렇게 무엇을 잘하는 비결이나 요령을 コツ라고 한다. 비슷한 단어인 極意(ごくい)도 '비결', '비법'이란 뜻이다.

호쿠사이와 밥만 있으면

女 せっかく仕込んだんだから、餃子作ってハッピーにならなきゃね！私、結構、包むのうまいんだよ？ほら！ねっ？コツは、タネを多く入れ過ぎないこと。

여 모처럼 재료 준비했으니까 만두 만들어서 행복해져야지! 나 만두 빚는 거 꽤 잘한다? 봐! 그렇지? 비결은 만두소를 너무 많이 넣지 않는 것.

결혼한다는데 정말입니까

男 どうやったら結婚できるのか教えてください！俺も結婚したいんすけど、全然うまくいかなくて。それで大原(おおはら)さんにコツを聞こうと思って。

남 어떻게 하면 결혼할 수 있을지 알려주세요! 저도 결혼하고 싶은데 도무지 잘 안돼요. 그래서 오하라 씨한테 비결을 물어보려고요.

전개걸

女 泥(どろ)を落とすのも、コツを覚えれば簡単です。こう、汚れに、こう、せっけんを擦(す)り込(こ)んで、お湯につけて。乾いたら泥をたたいて、水で揺(ゆ)すり落とす。

여 (옷에 묻은) 진흙을 제거하는 것도 요령을 익히면 간단합니다. 이렇게 더러운 곳에 비누를 문지르고, 따뜻한 물에 담갔다가, 마르면 흙을 털어내고 물로 헹궈서 씻는 겁니다.

아프로 다나카

男 お前にLINE返信の極意を教えてやってもいいぞ。

남 너에게 라인 답장하는 비결을 알려주도록 하지.

• Pop Quiz 15 •

 자연스러운 문장이 되도록 어울리는 표현을 골라서 적절한 형태로 만들어 넣으시오.

噂をする, 居ても立ってもいられない, コツ, 改めて, バタバタ, 風の吹き回し, 改まって, テンパる, 面と向かって, 開き直る

1. 仕事のことで、＿＿＿＿＿＿＿＿ してて、もうちょっと待ってもらえますか？

2. 旦那に２人目が欲しいって言われて、＿＿＿＿＿＿＿＿ってた。

3. 彼が病気だと言われて、＿＿＿＿＿＿＿＿ 来てしまった。

4. それじゃあ、また、＿＿＿＿＿＿＿＿ 来ます。

5. A: あのさぁ。ずっと前から言おうとしたことなんだけど。

   B: なんだよ、＿＿＿＿＿＿＿＿ 。

6. 彼女は相手が既婚者だって知ったら、＿＿＿＿＿＿＿＿ 不倫関係を継続するタイプじゃない？

7. 自分の親や友達に ＿＿＿＿＿＿＿＿ 言えない言葉を見ず知らずの他人にぶつけんなよ。

8. ＿＿＿＿＿＿＿＿ をしたら本人来たよ。

9. ほっこり家庭料理が得意な人が急におしゃれなイタリアン作りたいなんて、どういう＿＿＿＿＿＿＿＿ ？

10. 子育てとパンケーキを焼く＿＿＿＿＿＿＿＿ は同じだよ。どちらも押さえ過ぎは禁物。

CHAPTER 16

151 ～程がある / ほどほどにする

152 思い当たる

153 見当もつかない

154 ピンとこない

155 しっくりこない

156 口が滑る / 口を滑らす

157 見かける / 出くわす

158 見当たらない

159 折り入って

160 口を出す / 口を挟む

Chapter 15 정답	1. バタバタ 2. テンパ 3. 居ても立ってもいられず 4. 改めて 5. 改まって 6. 開き直って7. 面と向かって 8. 噂 9. 風の吹き回し 10. コツ

~程がある ~도 정도가 있다
ほどほどにする 적당히 하다, 정도껏 하다

程(ほど)는 '정도', '한계', '분수'란 뜻이다. 사람이 너무 뻔뻔하거나, 너무 무식하거나, 너무 무리한 부탁을 하거나 하는 등 무엇이 너무 지나칠 때 程がある란 표현을 쓰는데, '~도 정도가 있지 (너무 지나치다)'란 의미이다. 그리고 ほどほど는 '적당히', '알맞은 정도'란 뜻으로, 일을 너무 많이 하거나, 술을 너무 많이 마시거나 하는 등 무엇을 너무 무리하거나, 과하게 할 때 적당히 하라고 충고할 때 ほどほどにする란 표현을 써서 말하는데, '적당히 하다', '정도껏 하다'란 뜻이다.

과보호의 카호코

女 いくら相談があるからって、夜遅くに嫁入(よめい)り前の娘を外に呼び出すなんて、非常識にも程があるし。

여 아무리 상의할 게 있어도 그렇지, 밤늦게 시집도 안 간 딸을 밖으로 불러내다니, 비상식적인 것에도 정도가 있지.

사람은 겉모습이 100%

女 悪気がなかったら、何やっても許されるってわけ？冗談じゃない。無神経にも程があるっつうの。

여 악의가 없으면 뭘 해도 용서받는 거야? 말도 안 돼. 무신경에도 정도가 있다고.

퍼스트 러브 하츠코이

男 息抜きするなとは言わない。でも遊びはほどほどにしなさい。

남 쉬지 말라고는 안 할게. 하지만 노는 건 적당히 하렴.

이 남자는 인생 최대 실수입니다

女1 私、帰るけど、唯(ゆい)ちゃんは？
女2 あ、もうちょっとやって帰ります。
女1 ほどほどにね。

여1 나 퇴근하는데 유이는?
여2 아, 조금만 더 하고 퇴근할게요.
여1 적당히 해.

思い当たる

마음에 짚이다, 짐작이 가다

思(おも)い当(あ)たる는 '얘기하던 것과 관련해서 무엇이 떠오르다, 생각나다'란 뜻으로, 우리말로 '마음에 짚이다', '짐작이 가다', '떠오르다' 등의 의미가 된다. '짚이는 거'라고 할 때는 思い当たること, おもいあたるところ, 思い当たる節(ふし)라고 한다. 비슷한 표현의 명사 心当たり는 '짚이는 데', '짐작 가는 곳'이란 의미이다.

우주를 누비는 쏙독새

女 然子(ぜんこ)さんの行きそうな場所、思い当たりませんか？

여 젠코 씨가 갈 만한 장소, 짚이는 곳 없나요?

장인어른이라고 부르게 해줘

男 美蘭(みらん)は帰ってるのか？
女 ええ。何だかあまり元気なかったですけど。
男 そうか。
女 何か、思い当たる節でも？

남 미란은 집에 왔어?
여 네. 왠지 별로 기운 없어 보이긴 했지만.
남 그렇구나.
여 뭐 짚이는 거라도?

남자 가정부를 원해?

女 田所(たどころ)さんは今、メイのことで頭いっぱいだよ。隣に住んでるのに、何も思い当たることないの？

여 타도코로 씨는 지금 머릿속이 메이 생각으로 가득해. 옆집에 사는데 아무것도 짐작 가는 거 없어?

저, 정시에 퇴근합니다

男 三谷(みたに)さん、今すぐ取りかかってくれそうなフリーのエンジニアに心当たりない？

남 미타니 씨, 지금 당장 작업해 줄 수 있을 것 같은 프리랜서 엔지니어 떠오르는 사람 없어?

unit 153

見当もつかない

짐작도 가지 않는다

見当(けんとう)がつく는 '짐작이 가다'란 뜻이다. 그런데 부정형 見当がつかない(짐작이 가지 않는다)나 見当もつかない(짐작도 가지 않는다)가 좀 더 자주 사용된다. '전혀', '도무지'란 뜻의 皆目(かいもく)와 함께 皆目見当もつかない(도무지 짐작도 안 간다)라고 강조해서 표현하기도 한다.

그랑 메종 도쿄

女 正直、食べる前から味の見当がつく。あれでしょ。昔懐かしい洋食屋さんのビーフシチュー。昭和の味を伝えるレトロ洋食。

남 솔직히 먹기 전부터 맛은 짐작이 가. 그거잖아. 옛날 그리운 양식당의 비프스튜. 쇼와 시대의 맛을 전하는 레트로 양식.

11명이나 있어

男 俺、ソアラの事、何も知らなくて…。だから、どこへ連れていって何をしてあげたら喜ぶのかとか、見当もつかなくて…。前の彼氏に聞いてみたんだ。

남 나 소아라에 대해서 아무것도 몰라서…. 그래서 어디에 데려가서 뭘 해주면 기뻐할지 짐작도 가지 않아서…. 전 남친한테 물어봤어.

사람은 겉모습이 100%

男 いったいどうやって情報が漏れたんですか?

女 まったく見当がつきません。

남 도대체 어떻게 정보가 샌 거예요?

여 전혀 짐작이 가지 않습니다.

수수하지만 굉장해! 교열걸 코노 에츠코

男 先生はきっと犯人の見当が付いてる。けど大事な友達を犯罪者にするぐらいなら、自分が盗作犯(とうさくはん)の汚名(おめい)を着たほうがマシだと思ってるんだ。

남 선생님은 분명 범인을 짐작하고 있어. 하지만 소중한 친구를 범죄자로 만들 바에는 자신이 표절했다는 오명을 쓰는 게 낫다고 생각하는 거야.

ピンとこない

감이 안 온다, 느낌이 안 온다

직감적으로 무엇을 알아채거나, 무엇이 자신의 감각이나 생각과 딱 들어맞을 때 ピンとくる라고 하는데, 우리말로 '감이 오다', '느낌이 오다'란 뜻이다. 반대로 ピンとこない는 '감이 안 오다', '느낌이 안 오다'란 뜻이다. 예를 들어 상대방이 설명하는 내용이 무슨 말인지 감이 안 올 때나, 디자이너가 제안한 시안이 이거다 싶은 생각이 들지 않을 때 ピンとこない라고 할 수 있다.

혼인 신고서에 도장을 찍었을 뿐인데

女 明葉(あきは)ちゃんなら柊(しゅう)君のこと、幸せにしてくれる気がする。私、そういうの分かるんだよね。この二人はお似合いだとか、すぐピンとくるの。

여 아키하라면 슈를 행복하게 해줄 것 같아. 나 그런 거 잘 알거든. 이 두 사람은 어울린다든지, 금방 감이 와.

솔로 활동 여자의 추천

女 京浜工業地帯(けいひんこうぎょうちたい)、太平洋ベルト、確か、小学校５～６年の社会で習ったやつだ。授業じゃ全然ピンとこなかったけど、もし、子供たちにもこれを見せたら一発で「太平洋ベルトすげえ」ってなるだろうに。

여 케힌공업지대 태평양 벨트, 분명히 초등학교 5-6학년 사회 시간에 배운 거다. 수업 시간엔 전혀 감이 안 왔지만, 만약 애들한테도 이걸 보여준다면 한 방에 "태평양 벨트 엄청나네!"란 말이 나올 텐데.

콩트가 시작된다

女 面接受けてピンと来なかったら、うん…、受かっても「やっぱりやめます」って言っていいですから。

여 면접 보고 느낌이 안 오면, 음… 합격해도 "아무래도 사양하겠습니다."라고 말해도 괜찮으니까요.

しっくりこない

느낌이 안 온다

しっくり는 '딱 들어맞는 느낌'을 말한다. しっくりくる라고 하면 '딱 맞는 느낌이 들다', '잘 어울리는 느낌이 들다'란 뜻이고, しっくりこない라고 하면 '(맞는다는) 느낌이 안 오다'란 뜻이 된다. 물건, 음식, 이름, 어휘 등이 '잘 맞거나 그렇지 않다고 할 때도 쓰고, 친구나 이성이 자신과 잘 맞거나 그렇지 않다고 할 때도 쓴다.

그녀는 예뻤다

男 ここの色、どっちがいい？

女 あぁ～… ブルーのほうがしっくりくる気がしますけど。

男 そうだな。そうしよう。

남 여기 색깔 어느 게 좋아?

여 아~ 파란색 쪽이 잘 어울리는 느낌이 드는데요.

남 그렇네. 그렇게 하지.

내일, 나는 누군가의 여자친구

男 ずっと、分からなくて。女性が好きなのか、男性が好きなのか。だから、女の人とも、男の人とも、つきあってみたんです。でも… どうしてもしっくりこなくて。

남 계속 알지 못했어요. 여자가 좋은지, 남자가 좋은지. 그래서 여자랑도 남자랑도 사귀어 봤어요. 근데 아무리 해도 느낌이 안 와서요.

사랑할 수 없는 두 사람

男 死んだ祖母は、朝、ごはん派(は)でした。でも僕はずっとパンがいいなぁと思っていて…。祖母が死んだあと、朝、パンにしてみたんですけど、なかなかしっくりこなくて。いろいろ試した結果、たどりついたのが手打ちうどんです。

남 돌아가신 할머니는 아침에 밥을 선호했어요. 근데 저는 줄곧 빵이 좋을 것 같다고 생각했었죠. 할머니가 돌아가시고 나서 아침에 빵을 먹어봤는데, 좀처럼 와닿질 않더라고요. 여러 가지 시험해 본 결과 다다른 게 수타 우동이에요.

unit 156

口が滑る 말이 잘못 나오다, 말이 헛나오다
口を滑らす 입을 잘못 놀리다, 섣불리 얘기하다

口(くち)が滑(すべ)る를 직역하면 '말이 미끄러지다'이므로, '말이 잘못 나오다', '말이 헛나오다'란 의미이다. 비슷한 표현으로 口(くち)を滑(すべ)らす는 '입을 잘못 놀리다', '섣불리 얘기하다'란 뜻이고, 口走(くちばし)る는 '엉겁결에 말하다', '무심결에 말하다'란 뜻이다.

사랑은 계속될 거야 어디까지나

女 巣鴨(すがも)さん、こう見えて愛妻家(あいさいか)なんですね。
男 はあ？見たまんまだろ。
女 そうです。すいません。口が滑りました。

여 스가모 씨, 이렇게 보여도 애처가시네요.
남 뭐? 보기에도 그렇잖아.
여 맞아요. 죄송합니다. 말이 헛나왔어요.

메꽃 ~평일오후 3시의 연인들~

女1 昨日、ご主人に余計なこと言っちゃって。まずかった？
女2 ううん。大丈夫。どうして利佳子(りかこ)さんの秘密をしゃべっちゃったのかと思ったけど。
女1 ごめんね。つい口が滑って。

여1 어제 남편분한테 쓸데없는 얘길 해버렸는데, 난처했지?
여2 아니, 괜찮았어. 왜 리카코 씨의 비밀을 얘기했나 싶었지만.
여1 미안. 그만 말이 잘못 나와서.

혼인 신고서에 도장을 찍었을 뿐인데

男 僕が好きなのは美晴(みはる)です。あなたに話したら、口を滑らせるんじゃないかと思って黙ってました。

남 제가 좋아하는 사람은 미하루예요. 당신한테 말하면 섣불리 얘기하지 않을까 싶어 말하지 않았어요.

린코씨는 해보고 싶다

女「1 処女(しょじょ)を笑わない。2 蔑(さげす)まない。3 余計なことを口走らない男。3か条(じょう)にぴったりだ。」上坂(かみさか)君。私が、童貞(どうてい)、もらいましょう。

여 '1 처녀를 비웃지 않는다. 2 깔보지 않는다. 3 쓸데없는 얘기를 함부로 하지 않는 남자. 3가지 조건에 딱 들어맞는다.' 카미사카, 내가 첫 경험 상대가 되어주지.

見かける (우연히) 보다, 발견하다, 눈에 띄다
出くわす 우연히 마주치다

見つける나 見つかる가 무엇을 찾거나 찾던 것을 발견했을 때 쓰는데 반해, 見(み)かける는 우연히 보게 되었을 때 쓰는 단어이다. 그리고 주위에서 보이던 사람이 보이지 않을 때는 부정형으로 見かけない라고 한다. 단순히 보는 게 아니라, 우연히 마주치거나 만나는 것은 出(で)くわす라고 한다.

 아직 결혼 못하는 남자

女 あっ、そういえばさっき桑野(くわの)さん見かけました。

여 아, 그러고 보니 아까 쿠와노 씨를 봤어요.

 내 스커트, 어디 갔어?

男 もし見掛けたら連絡ください。

남 혹시 보게 되면 연락 주세요.

 녹풍당의 사계절

男 SNSであなたの写真を見かけて、もしかしてと思って来てみたんです。

남 SNS에서 당신 사진을 발견하고 혹시나 해서 와봤습니다.

 고잉 마이 홈

男 どうしたの？栄輔(えいすけ)さん。最近、見かけないけど。

남 에이스케 씨 어떻게 지내? 요즘 안 보이네.

 프리즘

男 大した起伏(きふく)はないし、安全な道です。まあ、危険があるとしたら、運悪く熊(くま)に出くわすことぐらいかな。

남 별다른 기복 없이 안전한 길이에요. 뭐, 위험한 게 있다면 재수 없게 곰과 마주치는 정도려나.

unit 158

見当たらない

보이지 않는다

見当たる는 見つかる처럼 '(찾던 것이) 발견되다', '눈에 띄다'란 뜻인데, 주로 부정형으로 찾는 게 보이지 않을 때 사용한다. 물건이나 사람이 보이지 않을 때도 쓰고, 원인, 이유, 좋은 점, 나쁜 점 등을 찾으려 해도 찾을 수 없거나, 마땅히 할 말이 없을 때도 쓴다.

혼인 신고서에 도장을 찍었을 뿐인데

男1 あっ、部長、すいません。僕のスマホ、鳴らしてもらえますか。
男2 携帯なくしたんか？
男1 見当たらなくて。

남1 아, 부장님. 죄송한데 제 스마트폰에 전화 좀 걸어주시겠어요?
남2 휴대폰 잃어버린 거야?
남1 보이지 않아서요.

그랑 메종 도쿄

女 ホールスタッフは？見当たらないけど。
男 ホール専門は私だけです。厨房スタッフにも担当してもらうことにしました。

여 홀 직원은요? 보이지 않는데.
남 홀 전문은 저만 있습니다. 주방 직원이 함께 봐주기로 했습니다.

결혼하지 않는다

女1 結婚するの？
女2 フフフ。まだ決めたわけじゃないですけど。何ですか？
女1 焦って決めなくてもいいんじゃないかなと思って。
女2 でも、条件もいいし、断る理由も見当たらないし。

여1 결혼하는 거야?
여2 하하. 아직 정한 건 아니지만요. 왜 그러세요?
여1 조급하게 결정하지 않아도 되지 않을까 싶어서.
여2 하지만 조건도 좋고, 거절할 이유도 딱히 없고요.

장인어른이라고 부르게 해줘

男 もはや君にはかける言葉すら見当たらない。

남 이제 너한테는 무슨 말을 해야 할지조차 모르겠다.

折り入って

긴히, 특별히

둘이서만 긴히 할 얘기가 있거나, 상의할 게 있거나, 부탁할 게 있거나, 전달할 물건이 있을 때 '긴히', '특별히'란 뜻으로 折り入って라고 한다. 그리고 비밀 얘기를 하려고 할 때는 ここだけの話라고 하는데, '우리끼리 얘긴데', '여기서만 하는 얘긴데', '이건 비밀인데'라는 의미로 사용한다.

이자카야 후지

男 あの… 実は折り入って相談がありまして。	남 저기 실은 긴히 상의드릴 게 있어서요.

사랑 따위 진심으로 해서 어쩌려고?

男 明日の夜、時間あるかな？折り入って、話したいことがあるんだ。	남 내일 밤에 시간 있어? 긴히 하고 싶은 얘기가 있어.

저, 운명의 사람입니다

男 あの、部長。折り入ってお願いがあります。	남 저기 부장님. 긴히 부탁드릴 게 있습니다.

이건 경비 처리할 수 없습니다!

男 沙名子さん、あの、折り入ってお渡ししたいものがあります。	남 사나코 씨, 긴히 드릴 게 있어요.

이건 경비 처리할 수 없습니다!

女 ここだけの話なんですけど、森若さん、サンライフコスメに転職しようとしてるらしいよ。	여 이건 비밀인데, 모리와카 씨가 선라이프 코스메로 이직하려고 하는 것 같아.

口を出す 참견하다
口を挟む (다른 사람 얘기하는 데) 끼어들다

口(くち)を出(だ)す는 '(다른 사람 일에) 참견하다'란 뜻으로, 명사형 口出(くちだ)し를 활용해 口出しする라고도 할 수 있다. 비슷한 표현으로 口(くち)を挟(はさ)む는 '(다른 사람 얘기하는 데) 끼어들다'란 뜻이다.

과보호의 카호코

女 加穂子(かほこ)、自立したいんでしょ？だったら、自分の思うようにやればいいじゃない。ママは、金輪際(こんりんざい)、口を出さないから。

여 카호코, 자립하고 싶은 거지? 그러면 자기 생각대로 하면 되잖아. 엄마는 결코 참견하지 않을 테니까.

리치맨, 푸어우먼

男 出資者(しゅっししゃ)が経営に口を出すと、ろくなことにならないからな。

남 투자자가 경영에 참견하면 제대로 되는 일이 없으니까.

검은 가죽 수첩

女 結婚しても私はあなたのプライベートに、一切口を出しません。その代わり、私の事も自由にしてください。

여 결혼해도 저는 당신 사생활에 일절 참견하지 않을 거예요. 그 대신 저도 자유롭게 해주세요.

내 이야기는 길어

男 姉ちゃんは、母さんが再婚することに賛成なの？
女 お母さんがもししたいんだったら、私たちが口出しすることじゃないでしょ。

남 누나는 엄마가 재혼하는 거에 찬성이야?
여 엄마가 만약 하고 싶다면 우리가 참견할 일이 아니잖아.

오! 마이 · 보스! 사랑은 별책으로

女 これは、アシスタントのあなたが口を挟むことじゃない。

여 이건 어시스턴트인 당신이 끼어들 문제가 아니에요.

• Pop Quiz 16 •

 자연스러운 문장이 되도록 어울리는 표현을 골라서 적절한 형태로 만들어 넣으시오.

見かける, しっくりこない, 見当たらない, 思い当たる, 口が滑る, 折り入って, 見当もつかない, 口出し, ほどほど, ピンとこない

1. 冗談も ＿＿＿＿＿＿＿＿ にして。大人をからかっちゃいけないよ。

2. ＿＿＿＿＿＿＿＿ ところは全部行ってみたんだけど、どこにもいなかった。

3. これから先、何をやって生きて行けばいいか ＿＿＿＿＿＿＿＿ 。

4. 彼と何かあったの？相談って聞いて ＿＿＿＿＿＿＿＿ 来た。

5. どっちがいいんだろう。自分だけのものじゃないけど一緒にいて楽しい男と、自分だけのものだけど一緒にいて ＿＿＿＿＿＿＿＿ こない男。

6. ごめん。つい ＿＿＿＿＿＿＿＿ が滑っちゃって。

7. 彼女が男と一緒に歩いてるのを偶然、街で ＿＿＿＿＿＿＿＿ 。

8. キーホルダーをカバンに入れてたんだけど ＿＿＿＿＿＿＿＿ 。

9. 実はあなたに ＿＿＿＿＿＿＿＿ お願いしたいことがありましてね。

10. 自分のこともままならないくせに、ひとのことにまで ＿＿＿＿＿＿＿＿ して来るから腹立つんだよな。

CHAPTER 17

Chapter 16 정답

1. ほどほど 2. 思い当たる 3. 見当もつかない 4. ピンと 5. しっくり 6. 口 7. 見かけた 8. 見当たらない 9. 折り入って 10. 口出し

バカにならない 무시할 수 없다, 얕볼 수 없다
侮れない 얕볼 수 없다

OTT 몇 개 가입했더니 매달 꽤 많은 돈이 나간다든지, 가성비 식당이라 기대 안 했는데 의외로 맛있다든지, 이렇게 별것 아닌 것 같았는데 실은 무시할 수 없을 때 バカにならない라고 한다. 우리말의 '무시할 수 없다', '얕볼 수 없다'란 뜻이다. 비슷한 표현으로 '깔보다'란 뜻의 侮(あなど)る를 활용한 侮(あなど)れない도 '얕볼 수 없다'란 뜻이다.

나기의 휴식

女 だから、わざわざ来てくれなくても。交通費だってバカにならないし。

여 그니까 일부러 오지 않아도 돼. 교통비도 무시 못 하고

어제 뭐 먹었어?

男1 おっ、うまいな、これ。
男2 ここのランチのスープとかサンドイッチもおいしいんだよ。
男1 へえ～、カフェのメシってのもバカにならんもんだな。

남1 오, 맛있네, 이거.
남2 여기 런치 수프나 샌드위치도 맛있어.
남1 허~ 카페의 밥도 무시할 수 없구나.

핫 마마

女 保育園って、少しでも時間過ぎると厳しいでしょ。延長料金もばかにならないですしね。

여 어린이집은 조금만 시간이 지나도 따지잖아요. 연장 요금도 무시할 수 없고요.

솔로 활동 여자의 추천

女 侮れないな、遊園地メシ。おいしい！

여 얕볼 수 없네, 유원지 밥. 맛있어!

장난스런 키스 ~ Love in TOKYO

男 こんなに忙しかったの、この店入って初めてでしたわ。クリスマス、侮れませんな。

남 이렇게 바쁜 거 이 가게 들어와서 처음이에요. 크리스마스는 얕볼 수 없네요.

さりげなく

아무렇지 않은 듯, 태연하게, 슬쩍, 슬며시

さりげない는 아무렇지 않은 듯 티를 안 내고 자연스럽게 행동하는 모양을 나타내며, さりげなく라고 하면 '아무렇지 않은 듯', '태연하게', '슬쩍', '슬며시' 등의 의미가 된다.

망각의 사치코

女 さりげなく触れることで、2人の距離はグッと縮(ちぢ)まります。あくまでも、さりげなく。

여 아무렇지 않은 듯 터치하는 걸로 두 사람의 거리는 확 가까워집니다. 어디까지나 아무렇지 않은 듯.

저, 운명의 사람입니다

男 さりげなく下の名前で呼ぶの、やめてもらえる?

남 태연하게 이름으로 부르는 것 좀 그만해 줄래?

아톰의 도전

男 例えば… 足のところにさりげなくQRコードを仕込(しこ)んでおいて、おもちゃとして買った人が何だろうと思ってスマホで読み込(よこ)むと、アトムワールドが立ち上がるみたいなことにしておくんですよ。

남 예를 들면… (장난감) 다리 부분에 슬쩍 QR코드를 집어넣고, 장난감으로 산 사람이 뭐지 하고 스마트폰으로 읽어보면, 아톰 월드(사이트)가 열린다든지 하는 식으로 하는 겁니다.

유토리입니다만, 무슨 문제 있습니까

女1 宮下(みやした)さん、ご実家は?
女2 佐賀(さが)です。
女1 ご両親は何をしてらっしゃるの?ごきょうだいは?何人きょうだいの何番目?
男 おかあさんね。そういうのね。もっとね。さりげな〜く聞かないと。

여1 미야시타 씨, 본가가 어디야?
여2 사가예요.
여1 부모님은 무슨 일 하셔? 형제자매는? 몇 명 중에 몇째?
남 어머니, 그런 건 있잖아요. 좀 더 슬며~시 물어보셔야죠.

unit 163

何気ない

아무렇지도 않다, 태연하다, 무심하다

何気(なにげ)ない日常(にちじょう)(아무렇지도 않은 일상), 何気ない一言(ひとこと)(무심한 한마디), 何気なく(무심코)처럼 何気ない는 '아무렇지도 않다', '태연하다', '무심하다'란 뜻이다. 좀 더 짧은 형태의 何気(なにげ)に는 같은 의미로도 쓰고, '의외로', '꽤'란 의미로 쓰기도 한다.

이 첫사랑은 픽션입니다

女　この何気ない瞬間が忘れられない瞬間になる。それこそが青春なのかもしれない。

여　이 아무렇지도 않은 순간이 잊지 못할 순간이 된다. 그거야말로 청춘인지도 모르겠다.

3학년 A반

男　右にならって吐いた何気ない一言が、相手を深く傷つけるかもしれない。

남　남들 따라 내뱉은 무심한 한마디가 상대에게 깊은 상처를 줄지도 모른다.

피넛 버터 샌드위치

女　何気なく彼のアカウント、検索してみたら、もうアイコンが、子ども、抱いちゃってるわけ。

여　무심코 남자친구 계정을 검색해 봤더니, 아이콘이 애를 안고 있는 거지 뭐야.

수염을 깎다. 그리고 여고생을 줍다.

女1　お母さんが怖かったから、勉強だけは頑張ってたんだけど、なんか、ウチを弁護士にしたいみたいなんだよね。
女2　う～ん、向いてなさそう。
女1　何気にひどくね？

여1　엄마가 무서워서 공부만큼은 열심히 했는데, 왠지 나를 변호사 시키려는 것 같아.
여2　음, 안 맞을 것 같네.
여1　태연하게 너무한 거 아니야?

집필 불가! 각본가 케이스케 씨의 각본 없는 인생

男　こういうセリフが何気に難しいんだぞ。

남　이런 대사가 의외로 어려운 거야.

単に

그저, 단순히, 단지

"그저 제일 가까운 식당이라 자주 간다.", "단순히 웃겨서 웃은 거지. 다른 의도는 없었다." 이처럼 특별한 이유나 목적보다는 단순히 무엇이라고 말할 때 単(たん)に를 쓴다. 비슷한 단어로는 ただ가 있다.

이건 경비 처리할 수 없습니다!

女　珍しいですよね。勇(ゆう)さんが連休なんて。旅行ですか？

男　いや、単に、忙しくなる前に、有休消化しとこうと思って。

여　별일이네요. 유 씨가 휴가라니. 여행 가세요?

남　아니, 그저 바빠지기 전에 유급휴가 다 쓰려고.

여고생의 낭비

女　謎が解けた。うち、モテてなかったわけじゃなくて、単に気づいてなかっただけかもしれない。

여　의문이 풀렸다. 나는 인기가 없었던 게 아니라, 단지 알아채지 못한 걸지도 몰라.

À Table! ~역사의 레시피를 만들어 먹다~

女　いいことのあとには、悪いことが起こるとか考えるのは、単に、生まれつきの気質なのだろうか？

여　좋은 일 뒤에는 안 좋은 일이 일어난다든지, 그런 생각하는 건 단순히 타고난 기질인 건가?

어 비러브드 와이프

女　子供も欲しいけど、単にしたいときだってあるじゃん。

여　아이도 갖고 싶지만, 그냥 하고 싶을 때도 있잖아.

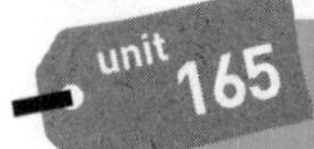

どちらかというと

따지자면, 말하자면, 오히려

직역하면 '어느 쪽이냐 하면'인데, 선택하거나 규정하기 애매한 것을 정해서 말할 때 '따지자면', '말하자면' 등의 의미로 쓴다. 그쪽보다는 오히려 이쪽이 더 가깝다고 말하고 싶을 때 '오히려'란 의미로 쓸 때도 많다. とちらかといえば라고 하기도 하고, 더 짧게 どっちかっていうと나 どっちかというと라고 하기도 한다.

꽃미남이여 밥을 먹어라

男 ごめん。近すぎた？おやじ臭いのにごめんね。

女 そんなことないです。青山さんはいい匂いです！どちらかというと私のほうが臭かったらどうしようとか思って緊張してしまって…。

남 미안. 너무 가까웠지? 아저씨 냄새 나는데 미안해.

여 그렇지 않아요. 아오야마 씨는 좋은 냄새 나요! 오히려 제가 냄새나면 어쩌지 하고 긴장했는데….

오! 마이·보스! 사랑은 별책으로

女 潤之介(じゅんのすけ)さんって、お母さん似ですか？

男 うん、どちらかといえば、そうかな。

여 준노스케 씨는 엄마 닮았나요?

남 응, 둘 중에 따지면 그런가.

오! 마이·보스! 사랑은 별책으로

女 え～っ、意外ですね。遥(はるか)さんって、あんまり料理とかするイメージなかったから。どっちかっていうと、仕事に生きる女。

여 와~ 의외네요. 하루카 씨는 그다지 요리 같은 거 할 이미지가 아니어서. 말하자면 일에 빠져 사는 여자.

결혼 못하는 남자

女 最初は、あんまり好きじゃないっていうか、どっちかというと嫌いでした。

여 처음엔 그다지 좋아하지 않았다고 할까, 오히려 싫어했어요.

unit 166

強いて言うなら

굳이 말하자면, 굳이 꼽자면

強いては '굳이', '구태여'란 뜻으로, 상대방의 질문에 대해 답할 게 딱히 없지만 '굳이 말하자면', '굳이 꼽자면'이라고 할 때 強いて言うなら라고 한다. 같은 의미로 強いて言えば, 強いてあげるなら, あえて言うなら도 있다.

과보호의 카호코

男　今日のお土産は何がいいかな？２人とも。

女　なんでもいいけど、強いて言うなら、水ようかんの気分かな。

남　오늘 간식 뭐가 좋아? 두 사람.

여　아무거나 괜찮지만 굳이 말하자면 양갱이 당기네.

행복해지자

女　わたしは体を動かすのが得意じゃないし、体育会系の熱いノリは嫌いなんです。

男　じゃあ、何が得意なんですか？

女　まあ、強いて言えば、ピアノをちょっと。

여　저는 몸 쓰는 일을 잘 못하고, 체육부의 열정적인 분위기를 싫어해요.

남　그럼 뭘 잘해요?

여　뭐, 굳이 꼽자면 피아노를 조금.

소란스럽게 밥

女1　どういうふうに進めればいいのかな？チラシデザインの打ち合わせって、やったことないからさ。

女2　どういうチラシにしたいかってある？

女1　う〜ん、強いて言うなら… 安心感ある感じかな。保護者の方たちが「あっ、ここなら安心して自分の子ども預けられるな」って思ってもらえる感じが出るといいな〜とは思うけど。

여1　어떤 식으로 진행하면 될까? 전단지 디자인 협의를 해본 적이 없어서.

여2　어떤 전단지로 하면 좋겠다는 거 있어?

여1　음, 굳이 말하자면… 안심하게 되는 느낌이려나. 보호자분들이 "아, 여기라면 안심하고 내 아이를 맡길 수 있겠다"란 생각이 드는 느낌이면 좋을 것 같아.

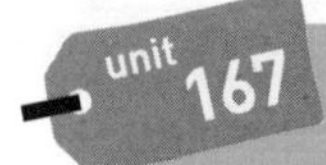

言うなれば 말하자면, 이를테면, 즉
いわば 말하자면, 이를테면, 즉

상대방에게 좀 더 알기 쉽게 설명하거나, 다른 말로 표현하고자 할 때 '말하자면', '이를테면', '즉'이란 뜻으로 言(い)うなれば라고 한다. 같은 의미로 いわば도 많이 쓴다.

오! 마이 · 보스! 사랑은 별책으로

男 ビジネスというのは人の心を動かすもの。今回、あなたが荒染(あらぞめ)先生の心を動かして、宝来(ほうらい)さんがシモンさんの心を動かした。言うなれば今回の結果は、あなたと宝来さんのコラボってことになりますね。

남 비즈니스라는 건 사람의 마음을 움직이는 것. 이번에 당신은 아라조메 선생님의 마음을 움직이고, 호라이 씨가 시몬 씨의 마음을 움직였다. 말하자면 이번 결과는 당신과 호라이 씨의 협업이 되는 거네요.

아직 결혼 못하는 남자

男 あっ、ブーケトスが始まったのは、14世紀のイギリスで、女性たちが花嫁の身につけてるものや、小物(こもの)を勝手に取ってしまうことが多くて、それを防ぐために、あえて、ブーケを先に投げることにしたそうですよ。

女1 へぇ～、そうなんですか。

男 まあ、言うなれば、先に餌(えさ)を散らして、ごまかす作戦だったんですね。

女2 そんな言い方。

남 아, 부케 던지기가 시작된 건 14세기 영국인데, 여자들이 신부가 몸에 걸쳤던 거나 소품을 마음대로 떼어가는 일이 많아서, 그걸 방지하려고 일부러 부케를 먼저 던지기로 했다는 것 같아요.

여1 와~ 그렇군요.

남 뭐, 말하자면 먼저 미끼를 뿌려서 속이는 작전이었던 거죠.

여2 그런 식으로 말하다니.

왼손잡이 에렌

男 広告代理店のアートディレクターは、いわば、美術監督(かんとく)だ。

남 광고대리점의 아트디렉터는 말하자면 미술 감독이다.

俗に言う 흔히 말하는
いわゆる 이른바, 소위, 흔히 말하는

俗(ぞく)には '속되게', '세간에서'란 뜻으로, 俗(ぞく)に言(い)う라고 하면 우리말의 '세상에서 흔히 말하는'에 해당한다. 같은 의미의 いわゆる도 '이른바', '소위', '흔히 말하는'이란 뜻으로 많이 사용한다.

그게 아닌 쪽의 그녀

男 不倫っていうのは、一度目はノーカウントなんだよ。大事なのは… 二度目。この二度目があったかどうか。それが分かれ道だ。一度目は、酔った勢い、その場の雰囲気、性欲、好奇心！そういうので誰でもクラっといくことはある。俗にいう… 一夜の過ちってやつだ。

남 불륜이란 건 처음 한 번은 포함시키지 않아. 중요한 건 두 번째. 이 두 번째가 있었냐 어쨌냐 그게 갈림길이지. 한 번은 술기운, 그 자리의 분위기, 성욕, 호기심! 그런 걸로 누구라도 순간 그럴 수 있어. 흔히 말하는 '하룻밤의 실수'란 거지.

저, 운명의 사람입니다

男1 君達の子供が、30年後の地球を救うんだよ。
男2 さっきから何言ってんだよ。
男1 地球に接近する隕石(いんせき)の軌道(きどう)をズラして、ノーベル平和賞と物理学賞、人類で初めて同時受賞。俗に言う、救世主(きゅうせいしゅ)ってやつ？

남1 너희들의 아이가 30년 후 지구를 구해.
남2 아까부터 무슨 소리 하는 거야?
남1 지구에 접근하는 운석의 궤도를 틀어서 노벨평화상과 물리학상 인류 최초 동시 수상. 흔히 말하는 '구세주'라는 거?

유니콘을 타고

男 合宿中は、スマホもパソコンも禁止。いわゆる、デジタルデトックスをする。

남 합숙 중에는 스마트폰도 컴퓨터도 금지. 이른바 '디지털 디톡스'를 할 거야.

言いかえれば 바꿔 말하면, 다시 말하면
すなわち 즉, 바꿔 말하면

言(い)いかえる는 '바꿔 말하다'란 뜻으로, 言いかえれば 또는 言(い)い換(か)えれば라고 하면 '바꿔 말하면'이란 말이 된다. 비슷한 표현으로 '즉', '바꿔 말하면'이란 뜻의 すなわち도 있고, '요컨대', '요약하면'이란 뜻의 要(よう)するに도 있다.

꽃보다 남자 2 리턴즈

女1 滋(しげる)ちゃんは、道明寺(どうみょうじ)さんのどこを好きになったの?
女2 けっこう骨があるでしょ。今どきの男にしては。
女3 言いかえれば、自己中ってことだけどね。

여1 시게루는 도묘지 씨의 어디를 좋아하게 된 거야?
여2 꽤 기개가 있잖아. 요즘 남자치고는 말이야.
여3 바꿔 말하면 자기중심적인 거지만.

여자 구애의 밥 시즌 2

女 男は目で恋をし、女は耳で恋に落ちる。言いかえれば、男は女の見た目に恋をし、女は男の言葉で恋に落ちるということだ。

여 남자는 눈으로 사랑에 빠지고, 여자는 귀로 사랑에 빠진다. 바꿔 말하면 남자는 여자의 외모에 사랑에 빠지고, 여자는 남자의 말에 사랑에 빠진다는 거다.

결혼하지 않는다

男 今は三平(さんぺい)。すなわち、平均的年収、平均的外見、平穏な性格が、現代女性の理想の結婚相手の条件となっている。

남 지금은 3평. 즉, 평균적인 연봉, 평균적인 외모, 평온한 성격이 현대 여성의 이상적인 결혼 상대 조건이 되었지.

칸죠 8호선

男 元カレがヒモだったり、ギャンブラーだったり。まあ、要するに、駄目男だったってやつだな。

남 전 남친이 빈대이거나 노름꾼이거나. 요컨대 몹쓸 남자였다는 거야.

というこどで 그래서　ということは 그렇다는 건　というわけで 이런 이유로

ということは 보통 어떤 내용 뒤에 바로 붙어서 '~라는 것'이란 의미로 쓰인다. 그리고 어떤 말이 끝나고 새로운 문장을 ということでや ということは로 시작하는 경우가 있는데, 이런 경우 ということで는 '그런 일로 인해서', '그래서'란 의미가 되고, ということは는 '그렇다는 건'이란 의미가 된다. というわけで도 '그런 이유로', '그래서'란 뜻으로 사용한다.

유루캠프 △ 2기

女1 私もリンちゃんみたいにソロキャンプやろうと思うんだよ！
女2 えっ？
女1 ということで、今日はリンちゃんに、ソロキャンの始め方をじっくり聞こうと思っています！

여1 나도 린처럼 솔로 캠프 해보려고 해!
여2 뭐?
여1 그래서 오늘은 린에게 솔로 캠프의 시작 방법을 찬찬히 물어보려고 합니다!

행렬의 여신 ~라면 서유기~

女1 あのつけ麺激戦区(げきせんく)で、つけ麺あんざいをいちばんおいしいつけ麺屋さんにすることです。
女2 いちばんおいしいつけ麺屋さんね。ということはつまり、つけ麺界(かい)の２トップ金獅子亭(きんじしてい)とグルテンハウスの味を超えるってこと？

여1 그 츠케멘 격전지에서 '츠케멘 안자이'를 제일 맛있는 츠케멘 가게로 만드는 거예요.
여2 제일 맛있는 츠케멘 가게 말이지. 그렇다는 건 즉 츠케멘계의 투톱 킨지시테이와 글루텐하우스의 맛을 넘어선다는 거?

새로운 왕

男 これからの資金のメドもたったし、人材派遣的な仕事も軌道(きどう)に乗ってきて、俺、もうイケイケなんです。というわけで、大きくてキレイな事務所に引っ越すことにしました。

남 앞으로의 자금도 확보됐고 인재 파견에 관한 업무도 궤도에 올라서 저 이제 기세등등합니다. 그런 이유로 크고 깨끗한 사무실로 이사하기로 했어요.

• Pop Quiz 17 •

 자연스러운 문장이 되도록 어울리는 표현을 골라서 적절한 형태로 만들어 넣으시오.

> 単に, 言うなれば, どちらかというと, 言いかえれば, ということは, さりげなく, 俗に言う, 侮れない, 強いて言えば, 何気ない

1. 韓国代表の勢いは ________________ 。

2. ________________ 彼に聞いてみたら、彼女いないらしい。

3. 彼に出会ったあの日から ________________ 風景がガラッと変わって見えた。

4. 笑ったのは ________________ おかしかったからです。

5. A: 先輩は年下と年上、どっちが好きなんですか？

   B: ________________ 年上が好きかも。

6. あんまり考えたことないけど、 ________________ 清楚で、性格が穏やかな人が好きかな。

7. 私の不安感は漠然としたもので、 ________________ 、女の勘にすぎない。

8. 彼が転勤して ________________ 遠距離恋愛になっちゃった。

9. 恋人はいくらだってすげかえできるけど、友情のすげかえはできない。 ________________ 、恋はいずれ冷めるものだけど、友情は大事にすれば一生ものだということだ。

10. ご職業はバーテンダーですね。 ________________ 勤務時間帯は夜ですかね？

CHAPTER 18

Chapter 17 정답

1. 侮れない 2. さりげなく 3. 何気ない 4. 単に 5. どちらかというと 6. 強いて言えば 7. 言うなれば 8. 俗に言う 9. 言いかえれば 10. ということは

さては

그렇다면, 그렇다는 것은

さては는 여러 의미가 있지만, 앞서 나온 얘기를 토대로 판단해서 뭔가를 얘기할 때 '그렇다면', '그렇다는 것은'이란 뜻으로 가장 많이 쓴다.

이 첫사랑은 픽션입니다

女1 この手紙がポストに入ってたのよ。わざわざ届けに来るってことは、さては、ラブレターでしょ！えっ、彼氏？
女2 いや、そんなんじゃないから。

여1 이 편지가 우편함에 들어 있었어. 일부러 전하러 왔다는 것은, 그렇다면 러브레터겠지! 어, 남자친구?
여2 아니, 그런 거 아니라니까.

굿모닝 콜 Our Campus Days

女 あれ？上原(うえはら)君、まだいたの？
男 今日、残業できそうなんですけど。
女 さては、デートドタキャンされそうなんだ？バイト代、前借りまでしたのに。

여 어? 우에하라 아직 있었어?
남 오늘 잔업할 수 있겠는데요.
여 그렇다는 건 데이트 취소당할 것 같다는 거? 아르바이트비 가불까지 했는데.

너의 췌장을 먹고 싶어

女 また旅行しようよ。次は夏かな。
男 夏か。いいかも。
女 あれ？やけに素直じゃん。さては楽しかったな？

여 또 여행하자. 다음은 여름인가?
남 여름이구나. 괜찮겠는데.
여 어머? 너무 고분고분하잖아. 그렇다는 건 재밌었다는 거네?

딸바보 청춘백서

女1 私、天文同好会、辞めたから。
男 えっ、なんで？
女2 さては、別れたな？
女1 正解。

여1 나 천문동호회 그만뒀어.
남 어, 왜?
여2 그렇다면 헤어졌다는 거네?
여1 정답.

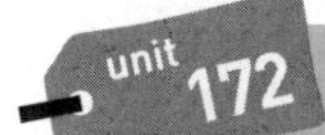

そのくせ 그런데도, 그러면서도, 그런 주제에
それでいて 그런데도, 그러면서도, 그런 주제에

"집안일은 하나도 안 도와줘. 그러면서도 잔소리는 얼마나 많은지.", "자기 멋대로에 성격도 괴팍해. 그런데도 일 하나는 확실히 해." 이렇게 앞서 얘기한 것과 상반된 내용을 말할 때 そのくせ를 써서 말한다. 같은 의미로 それでいて도 있다.

멘탈 강한 미녀 시라카와 씨

女1 うちの旦那、ホント、なんもしなくて…。
女2 うちも！そのくせ、総菜(そうざい)、買うだけで、手抜き！って。

여1 우리 남편은 정말 아무것도 안 해….
여2 우리 집도! 그런데도 반찬 사는 것 가지고 대충한다고 그래!

저, 정시에 퇴근합니다

女 みんな、種田(たねだ)さんのこと、完璧って言うけどさ。そんなことないよね。実は短所(たんしょ)だっていっぱいあるのにね。思ったことはそのまんま口にする。そのくせ、言葉が足りないから誤解を招(まね)く。

여 다들 타네다 씨가 완벽하다고 하지만. 그렇지도 않잖아. 실은 단점도 아주 많은데 말이야. 생각한 걸 그대로 말해버리고. 그런 주제에 말주변이 없어서 오해를 사고.

에이지 해러스먼트

男 時代に合わないのは自分たちなのに、ろくな努力もしない。それでいて、若い人に古い価値観を押しつけるのは、エイジハラスメント。僕も同感です。

남 시대에 맞지 않는 건 자기들뿐인데, 제대로 노력도 안 해. 그러면서도 젊은 사람에게 낡은 가치관을 강요하는 건 '연장자 갑질'. 저도 동감이에요.

여자 구르메 버거부

男 先代のオーナーが作ったレシピを大事に守り、それでいてより一層おいしく作る努力を欠かさない。

남 선대의 오너가 만든 레시피를 소중히 지키고, 그러면서도 한층 더 맛있게 만드는 노력을 게을리하지 않아.

unit 173

それはそうと 그건 그렇고
それよか 그보다, 그것보다

얘기하다가 다른 얘기로 화제를 전환하려고 할 때 '그건 그렇고'란 의미로 それはそうと라고 한다. それはそうとして라고 하면 '그건 그렇다 치고'란 의미이다. 비슷한 표현으로 '그보다', '그것보다'란 뜻의 それよか가 있는데 それより와 같은 의미이다.

우리 집 딸은, 남자친구가 생기지 않아!!

男 大丈夫ですか？何かありました？
女 別に何もないです。
男 鼻声ですが。
女 元々です。加えて鼻炎(びえん)が。
男 そうですか。それはそうと、恋愛小説ネタ、何か浮かびましたか？

남 괜찮으세요? 무슨 일 있었나요?
여 딱히 아무 일도 없어요.
남 코멘소리인데요.
여 원래 그래요. 게다가 비염이.
남 그렇군요. 그건 그렇고 연애 소설 소재는 뭔가 떠올랐나요?

아내, 초등학생이 되다

男1 それはそうと、大丈夫？新島(にいじま)さん。いや、こないだはやたら機嫌がよかったと思ったら…。
男2 だいぶ情緒不安定。やっぱりストレス…とかですかね？

남1 그건 그렇고 괜찮아? 니이지마 씨. 아니, 요전엔 유난히 기분이 좋아 보이더니….
남2 상당한 정서 불안 같은데요. 역시 스트레스… 때문일까요?

결혼 못하는 남자

女 それはそうとして、全快祝(ぜんかい)いやる？

여 그건 그렇다 치고 완쾌 축하 파티 할 거야?

우리는 공부를 못해

女1 皆さん、サウナはとっても熱いので入ってはダメです！
女2 それよかさ〜。リズりん、なんでお風呂で服着てんの？

여1 여러분, 사우나는 너무 뜨거워서 들어가면 안 돼요!
여2 그보다 리즈링은 왜 목욕탕에서 옷 입고 있어?

ただでさえ

그렇지 않아도, 안 그래도, 가뜩이나, 가만있어도

さえ는 '~조차 ~하다'라고 말할 때 '조차', '마저'란 뜻으로 쓰는데, ただでさえ라고 하면 '안 그래도', '그렇지 않아도'란 뜻이 된다. さえ와 비슷한 표현인 すら도 '~조차'란 뜻으로 많이 쓴다.

퍼스트 러브 하츠코이

男　野口(のぐち)さんは？どんな高校生でした？

女　えー…。そんなの忘れちゃいましたよ。今日食べたお昼ごはんさえ忘れてるのに。嫌ですね。

남　노구치 씨는요? 어떤 고등학생이었나요?

여　음…. 그런 거 잊어버렸어요. 오늘 먹은 점심밥조차 까먹는데. 끔찍하죠.

그게 아닌! 쪽의 그녀

男　ただでさえモテねえのに、面食いだから一生、彼女、できねえんだよ。

남　안 그래도 인기 없는데 얼굴 따지니까 평생 여자친구가 안 생기는 거야.

도쿄 제면소

男　ただでさえ忙しいのに、主力パートである黄本(きもと)さんが倒れるという大事件が起こってしまった。

남　가뜩이나 바쁜데 주력 일꾼인 키모토 씨가 쓰러지는 대사건이 일어나고 말았다.

퍼스트 러브 하츠코이

女1　野口(のぐち)さんって、どこか留学してたことあるの？

女2　いえ、まさか。北海道から出たことすらないです。

여1　노구치 씨는 어디 유학한 적 있어?

여2　아뇨, 설마요. 홋카이도에서 벗어나 본 적조차 없어요.

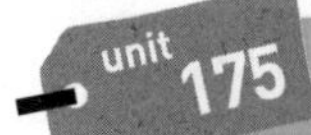

うっとうしい 성가시다, 귀찮다
ウザい 성가시다, 짜증나다

사전에 うっとうしい는 '음울하다', '찌무룩하다'란 뜻으로 나오는데, 일상의 구어체에서는 대부분 '성가시다', '짜증 난다'란 뜻으로 사용된다. 같은 의미의 속어 ウザい도 많이 쓰는 표현이다.

저, 운명의 사람입니다

女 運命なんて、楽しいのは最初だけ。結婚したら、街中(まちなか)で偶然出くわすことなんて、うっとうしいだけだからね。

여 운명(의 만남) 따위 즐거운 건 처음뿐이야. 결혼하면 길에서 우연히 맞닥뜨리는 것조차 짜증만 나니까.

젊은이들

女 うちの母も、私が音楽をやることに反対でね。事(こと)あるごとにぶつかってた。当時はそれがうっとうしくて、家出同然に上京してきたんだけど。今思えば、それも私のことを心配してくれてのことだったんだよね。

여 우리 엄마도 내가 음악 하는 거 반대해서, 사사건건 부딪혔어. 당시에는 그게 짜증 나서 가출하듯이 상경했는데, 지금 생각해 보면 그것도 날 걱정해서 그런 거였더라고.

데이지 럭

女 既読になってるのに返事がない。なぜだ…。もしや、送りすぎてウザいと思われてる？でも、もう、2時間、待ったし、そろそろ、また送っても平気だよね。

여 문자 읽고 나서 답이 없다. 왜지? 혹시 너무 많이 보내서 성가시다고 생각하는 건가? 근데 이미 2시간을 기다렸고, 슬슬 다시 보내도 괜찮겠지?

내일, 나는 누군가의 여자친구

女 なんかウザい上司に絡(から)まれて、ほんと最悪だった。

여 왠지 짜증 나는 상사한테 얽혀서 정말 최악이었어.

unit 176

イライラ 답답하고 짜증 남
イラつく 짜증 나다

뜻대로 되지 않아 답답하고 짜증 나는 상태를 イライラ라고 하고, イライラする의 형태로 많이 사용한다. 이것의 동사형 단어가 いらつく인데, 사전에는 '초조해지다'라고 나오지만 실생활에서는 '뜻대로 되지 않아 짜증 나다'란 뜻으로 주로 쓴다. '짜증'이란 명사형으로 いら立ち도 있다.

리버설 오케스트라

女 もうホントにイライラするの！好きなら、ああだこうだ気にしないで、オケでも何でもやりゃいいじゃん！

여 아, 정말 답답하네! 좋아하면 이렇다 저렇다 신경 쓰지 말고 오케스트라든 뭐든 하면 되잖아!

꽃보다 남자 2 리턴즈

男1 何してんだよ。ダメだろ、まだ勝手に出歩いちゃ。
男2 うるせえ！
男3 何イライラしてんだか。
女 自分の体が思いどおりに動かないんだもん。イラつくのは当たり前だよ。

남1 뭐 하는 거야? 아직 맘대로 걸어 다니면 안 되지.
남2 시끄러!
남3 왜 짜증 내는 거야?
여 자기 몸이 뜻대로 움직이지 않는데, 짜증 날 만하지.

가정부 미타

男 何、イラついてんだよ。キャプテンになったばっかで、張り切るのは分かるけど。

남 왜 짜증 내고 그래? 이제 주장이 되어서 의욕이 넘치는 건 이해하지만.

메꽃 ~평일오후 3시의 연인들~

女 私は最低です。彼に拒絶されたいら立ちを夫にぶつけました。

여 저는 형편없는 사람입니다. 그에게 거절당해서 난 짜증을 남편에게 화풀이했습니다.

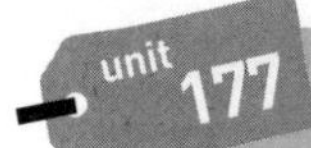

イラッとする 열받다, 짜증 나다
頭にくる 매우 화가 나다, 열받다

순간적으로 신경이 곤두서는 모양을 イラッ라고 하는데, イラッとする라고 하면 '열받다', '짜증 나다'란 뜻이 된다. イラッとなる나 イラッとくる라고 말하기도 한다. 비슷한 표현인 頭(あたま)にくる는 '화가 치밀다', '매우 화가 나다', '열받다'란 뜻이다.

핫 마마

女 うちは結婚して５年。夫は靴下の脱ぎっぱなしが治らない。もう、この間、イラッとして、もう夫の枕に、靴下、ガムテープで貼ってやったの！

여 우리는 결혼 5년 차인데, 남편이 양말 벗어서 그대로 두는 게 나아지질 않아. 얼마 전엔 열받아서 남편 베개에 양말을 테이프로 붙여놨어!

사랑은 계속될 거야 어디까지나

男 ホントは俺のわがままにつきあわされて、イラッとしてるでしょ。

남 실은 내 멋대로 하는 행동에 맞춰주느라 짜증 나지?

백만엔걸 스즈코

女 私、子猫を拾ったんですけど、それを同居人が勝手に捨てちゃって。私、頭に来て、それで、その人の持ち物、全部、てたんです。そしたら、刑事告訴(けいじこくそ)されたんです。

여 제가 새끼 고양이를 주웠는데, 그걸 같이 사는 사람이 멋대로 버려버렸어요. 저는 열받아서 그래서 그 사람 짐을 전부 내다 버렸어요. 그랬더니 형사 고소를 당했어요.

독신 귀족

女 社長と本打(ほんう)ちをして、何度も、何度も、駄目出しをされて。最初は、頭にきてましたけど、書き直していくうちに、だんだん分かってきたんです。悔しいけど、社長の言ってることは、全て正しいって。

여 사장님과 각본 회의하면서 몇 번이나, 몇 번이나 지적을 받아서 처음엔 엄청 화가 났지만, 고쳐 쓰는 와중에 점점 알게 됐어요. 분하지만 사장님이 하시는 말이 모두 맞다는 것을요.

unit 178

カッとなる

발끈하다, 욱하다

カッと는 순간적으로 갑자기 화가 치미는 모양으로, 한마디로 '발끈'이나 '욱'에 해당한다. 그래서 カッとなる는 '발끈하다', '욱하다'란 뜻이다. カットする라고 하기도 한다.

러브 익스포저

女 ありがとう。助けてくれて。

男 ううん。いいってことよ。私、か弱い乙女(おとめ)をいじめる野郎を見ちゃうと、カッとなっちゃうの。

여 고마워. 구해줘서.

남 아니야. 됐어. 난 연약한 여자를 괴롭히는 녀석을 보면 발끈하거든.

극장판 맛있는 급식 졸업

男 お前はカッとすると、見境(みさかい)が無くなることがある。

남 넌 욱하면 사리 분별을 못하게 되는 경향이 있어.

도쿄 독신 남자

男 最初に２人のこと聞いた時、ついカッとなったけどさ。よくよく考えたら、あいつももうそんな年で、ここんとこ、男の話も聞かないし、俺みたいに色気ないしさ、あいつ。もし太郎ちゃんがもらってくれんだったら、マジでうれしい！

남 처음에 두 사람 얘기를 들었을 때 그만 발끈했는데, 곰곰이 생각해 보니 그 녀석도 이제 그런 나이고, 요즘 남자 얘기도 못 들었고, 나처럼 색기가 있는 것도 아니잖아, 그 녀석. 만약 타로가 받아준다면 정말 기쁠 거야!

마음이 외치고 싶어해

男1 わり。ちょっとカッとなった。

男2 あ、いや…。俺もちょっと言いすぎたし。

남1 미안. 그만 욱해서.

남2 아, 아니…. 나도 좀 말이 심했어.

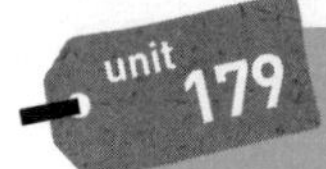

ブチ切れる

(분노가) 폭발하다, 빡치다, 몹시 화를 내다

キレる는 '(갑자기) 매우 화를 내다', '(분노가) 폭발하다'란 뜻으로, 우리말 속어 '빡치다'와 비슷한 뉘앙스다. 더 강조해서 말할 때는 ブチ切(ぎ)れる라고 하고, 명사형으로 ブチ切れ라고 하기도 한다. 잘못한 사람이 적반하장으로 도리어 화를 내는 것은 逆(ぎゃく)ギレ라고 한다.

발신인은, 누구입니까?

女 向こうの親はさ、やっぱ、産んでほしくないの一点張りでさ。うちの親がキレて、子供のケンカみたいになった。

여 저쪽 부모님은 역시 낳지 않길 바란다는 말만 계속 해서, 우리 부모님이 빡쳐서 애들 싸움처럼 됐어.

35세의 고교생

女 ウチら、貧乏が悪いとか言ってんじゃないからね。ずっとウソついて来たことにブチギレたんだから。

남 우린 가난한 게 나쁘다고 하는 게 아니라니까. 계속 거짓말해 온 거에 빡친 거니까.

아프로 다나카

男1 一緒にいるなら、鈴木(すずき)さんとのほうが断然楽しいっす！

男2 お… おうおお？そうか？まあ、よく言われるっちゃ言われる…。いやいや、お前、それは女の子に言ってあげなさいよ！

男1 そんなことできるなら、鈴木さんに相談してませんよ！

男2 逆ギレすんなよ！うれしいけど。

남1 같이 있는다면 스즈키 씨 쪽이 훨씬 재미있죠!

남2 오… 오 오? 그래? 뭐, 자주 듣는 소리긴 하지… 아니, 아니. 너 그런 얘긴 여자한테 해주라고!

남1 그런 게 되면 스즈키 씨한테 상담 안 하죠!

남2 네가 왜 큰소리야! 기분은 좋지만.

当たる 화풀이하다, 화내다
ピリピリする 예민해지다, 신경이 날카롭다, 날이 서다

当(あ)たる는 보통 '맞다', '들어맞다'라는 의미로 쓰지만, 기분 상한 일이 있을 때 그 화풀이를 다른 사람에게 할 때 '화풀이하다', '화내다'란 뜻으로도 많이 쓴다. 그리고 신경이 날카롭고 곤두선 모양을 ピリピリ라고 하는데, ピリピリする라고 하면 '예민해지다', '신경이 날카롭다', '날이 서다'란 뜻이 된다.

 **가정부 미타**

男 親父が出てったからって、俺達に当たらないでほしいよ。

남 아버지가 집 나갔다고 우리한테 화풀이하지 않았으면 좋겠어.

 **믹스**

男1 お互い控(ひか)え投手(とうしゅ)同士のスタートか。

男2 状況が全く違うだろ。あっちはこっちをなめきってのエース温存(おんぞん)。

男1 俺に当たるなよ。

남1 서로 예비 투수끼리 시작이라.

남2 상황이 완전히 다르잖아. 저쪽은 우리를 얕보고 에이스를 아끼는 거고.

남1 나한테 화내지 마.

 **반경 5미터**

女 もう、この人ね。タイトル戦が近づくとピリピリして「寄るな、触るな、近寄るな」みたいな。私も気持ちが分かるから、だいぶ、あの、気を遣ってるんですけどね。

여 이 사람은요. 타이틀전이 가까워지면 예민해져서 '오지 마, 만지지 마, 다가오지 마'라는 듯이 굴죠. 저도 기분을 이해하니까 상당히 신경을 쓰고 있긴 해요.

 **세상에서 가장 어려운 사랑**

男1 あれさ、うちの社長、どうしちゃったんだ？あれ。

男2 あんだけピリピリしてた社長が、我々に優しく接してくださるんだから。

남1 저기, 우리 사장님 어떻게 된 거야?

남2 그렇게 날이 서 있던 사장님이 우리한테 다정하게 대해 주시니까.

• Pop Quiz 18 •

 자연스러운 문장이 되도록 어울리는 표현을 골라서 적절한 형태로 만들어 넣으시오.

カッとなる, ただでさえ, ピリピリ, そのくせ, うっとうしい, それはそうと, 逆ギレ, さては, イライラ, イラッとする

1. あれれ？お姉、こんな時間に電話？ ＿＿＿＿＿＿ ホームシックですか？

2. 夫は仕事人間で、家のことなんて全然手伝ってくんないの。＿＿＿＿＿＿ 頑固で文句ばっかり言う。

3. A: この間は休みにメール失礼しました。例の領収書です。

   B: ＿＿＿＿＿＿ 私の携帯アドレスはどちらで？

4. 家族と離れてて ＿＿＿＿＿＿ 寂しいのに、友達にも相手にされない。

5. もう一度やり直したいって言う男がこの世で一番 ＿＿＿＿＿＿。

6. 一緒にいるとイヤなこととか思い出して ＿＿＿＿＿＿ すんだよ。

7. ２人が仲よさそうなの見て ＿＿＿＿＿＿ したでしょ。

8. つい ＿＿＿＿＿＿ 彼女にひどいこと言っちゃった。

9. 何 ＿＿＿＿＿＿ してんの？怒りたいのはこっちだっつうの！

10. うちの兄貴、勝手に大学辞めて役者になるとか言い出して、それで親が相当 ＿＿＿＿＿＿ してんだ。

CHAPTER 19

Chapter 18 정답	**1.** さては **2.** そのくせ **3.** それはそうと **4.** ただでさえ **5.** うっとうしい **6.** イライラ **7.** イラッと **8.** カッとなって **9.** 逆ギレ **10.** ピリピリ

八つ当たり 엉뚱한 데 화풀이
腹いせ 분풀이

화가 난 감정을 엉뚱한 데 화풀이하는 것을 八つ当たり(やつあたり)라고 한다. 비슷한 표현으로 분하고 원통한 마음을 분풀이하는 것을 腹いせ(はらいせ)라고 한다.

도쿄 타라레바 아가씨

女 金髪に相手にされないからって、八つ当たりしないでよ。

여 금발(남)이 상대 안 해준다고 엉뚱한 데 화풀이하지 마.

백수 알바 내 집 장만기

男 就職先が見つからないから、俺に八つ当たりしてんのか？

남 일자리 못 구해서 나한테 화풀이하는 거야?

늦게 피는 해바라기 ~나의 인생, 리뉴얼~

女 全部、お姉ちゃんが、自分で決めてきたことだよ。私に八つ当たりをするのはおかしいよ。

여 전부 언니가 스스로 결정해 온 거야. 나한테 화풀이하는 건 말이 안 돼.

후루츠 택배

女 アンタ、営業マンだろう。どうせ、得意先にクレーム言われて、その腹いせに、うちの子たちに文句言ってんだろう。

여 당신 영업맨이지? 어차피 거래처에 한소리 듣고 그 분풀이로 우리 애들한테 불평한 거지?

로맨틱 킬러

女 森(もり)先輩！振られた腹いせに、ウソのうわさ広めるの、やめてください。すっごいダサいです。

여 모리 선배! 차인 분풀이로 거짓 소문 퍼뜨리는 거 그만하세요. 엄청 추해요.

大口たたく

큰소리치다, 호언장담하다

"1라운드 안에 KO 시킬 수 있어.", "이번 프로젝트에서 실력을 보여 줄게." 이렇게 큰소리 칠 때 '큰소리', '호언장담'이란 뜻의 大口(おおぐち)를 써서 大口たたく라고 한다. 叩(たた)く는 한자와 히라가나 둘 다 쓴다. 또한 大口는 '크게 벌린 입', '거액'이란 뜻으로도 쓰인다.

저, 운명의 사람입니다

男 お前、それだけ弱いくせに、よく勝てるなんて大口たたいたな。

남 너 말이야, 그렇게 약한 주제에 잘도 이길 수 있다고 큰소리쳤네.

호타루의 빛

男 大口叩いてた割には大したことないなあ。

남 큰소리친 것 치고는 대수롭지 않네.

이 사람 데워드릴까요

男 こんなところで何をしてる。チャンスをくれと大口叩いたんなら最後までやれ。仕事は作業が済(す)めば終わりじゃない。評価を受けるまでが一つの仕事だ。

남 이런 곳에서 뭐 하고 있어? 기회를 달라고 큰소리쳤으면 끝까지 해. 일은 작업이 끝났다고 끝이 아니야. 평가를 받을 때까지가 하나의 일이지.

오늘 밤은 코노지에서 시즌2

男 ずいぶん大口たたく新人だなと思っていたけど、池(いけ)くんが本当に我が社を大きく変えてくれるかもしれないな。

남 꽤 큰소리치는 신입이라고 생각했었는데, 이케가 정말로 우리 회사를 크게 바꿔줄지도 모르겠네.

살색의 감독 무라니시

男 北海道ではよ。勝負するって大口たたいてたけど、現実は天と地だな。

남 홋카이도에서는 승부를 볼 거라고 큰소리쳤었는데, 현실은 하늘과 땅 차이잖아.

unit 183 どっちつかず 이도 저도 아님
中途半端 어중간함

이쪽 편도 아니고 저쪽 편도 아니고 모호한 태도를 취하거나, 공부를 잘해서 밝은 미래가 보이는 것도, 그렇다고 신나게 놀면서 재밌게 사는 것도 아닐 때처럼 어느 한쪽도 확실하지 않을 때 どっちつかず라고 하는데, '이도 저도 아님'이란 말이다. 비슷한 표현으로 中途半端(ちゅうとはんぱ)는 일을 하다 만다는 의미에서 '어중간함'이란 뜻이다.

슬로우 댄스

男 男がダメだから仕事に逃げたり、仕事がダメだから男に逃げたり。結局あなた、何がしたいんですか？どっちつかずで、中途半端で、そんなんだからどっちもダメなんだろ。そんなんだからあなた30超えても何もないんだろ。

남 남자랑 잘 안되니까 일로 도망갔다가 일이 잘 안되니까 남자한테 도망갔다가. 결국 당신은 뭐가 하고 싶은 거예요? 이도 저도 아니고 어중간하고, 그러니까 어느 한쪽도 제대로 안 되는 거잖아. 그러니까 서른 넘어도 아무것도 남은 게 없잖아.

그게 아닌 쪽의 그녀

男1 小谷(こたに)、中途半端はだめだぞ。「僕には妻しかいませ～ん！」とか言いながら俺に口裏(くちうら)合わせを頼んでる。言ってることとやってることがバラバラだ。いいか？不倫という道は一方通行だ。行きつくところまで行くしかない。

男2 行きつくところって、どこに？

男1 修羅場(しゅらば)。いや、奈落(ならく)の底(そこ)かもな。それは行ってみないとわからない。だから、お前みたいにどっちつかずのヤツがいちばん危険なんだ。

남1 코타니, 어중간하면 안 돼. "저한테는 아내밖에 없어요!"라고 하면서 나한테 말 맞춰달라고 부탁하잖아. 말하는 거랑 행동이 제각각이야. 잘 들어. 불륜의 길은 일방통행이야. 가는 데까지 갈 수밖에 없다고.

남2 가는 데까지란 게 어디로?

남1 아수라장. 아니, 나락의 밑바닥일지도. 그건 가보지 않으면 알 수 없어. 그러니까 너처럼 이도 저도 아닌 녀석이 가장 위험해.

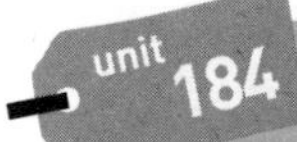

半々

반반, 반반씩

半々(はんはん)은 비율이나 정도가 '반반'이라고 할 때도 쓰고, '반반씩' 나누거나 가진다고 할 때도 쓴다. 상대방의 질문에 대해 半々かな라고 답하는 경우가 종종 있는데 "반반이려나."란 뜻이다.

아오바의 식탁

女 えっと、私もこういうお仕事興味あるんですけど、皆さん、やっぱ美大なんですか？
男 まあ、半々くらいかな？

여 저기, 저도 이쪽 일에 관심이 있는데, 다들 역시 미대(출신)인가요?
남 뭐, 반반 정도 되려나?

수수하지만 굉장해! 교열걸 코노 에츠코

女1 えっ、セシルの彼氏はどういう人なの？
女2 至って普通ですよ。イタリア人ですけど。
女1 えっ？全然、普通じゃないし。何語で会話してんの？
女2 日本語とイタリア語の半々です。

여1 세실의 남자친구는 어떤 사람이야?
여2 지극히 평범해요. 이탈리아 사람이에요.
여1 뭐? 전혀 평범하지 않은데. 어느 나라말로 대화해?
여2 일본어랑 이탈리아어 반반이요.

삼천 엔의 사용법

女 この間、詳しい知り合いに、離婚後にもらえる金額と、これからかかる生活費を計算してもらったんだけどね。あたしと旦那の場合、貯金に関しては、今ある金額から、旦那が結婚前にためていた額を引いて、半々になるんだって。で、退職金もおんなじで、半々になるんだって。

여 요전에 잘 아는 지인이 이혼 후 받을 수 있는 금액이랑 앞으로 드는 생활비를 계산해 줬는데. 나와 남편의 경우 저금에 관해선 지금 있는 금액에서 남편이 결혼 전에 모은 돈을 빼서 반반씩 갖게 된대. 퇴직금도 마찬가지로 반반씩이래.

引きずる

못 잊다, 아직 생각하다, 담아두다, 억지로 끌고 가다

引きずる는 '질질 끌다'와 '억지로 끌고 가다'란 뜻이 있는데, 주로 예전 연인이나 지난 일을 잊지 못하고, 아직 생각하고, 마음에 담아둔다는 의미로 자주 쓴다. 비슷한 표현으로 일이나 시간을 '질질' 끌거나, 땅바닥에 '질질' 끄는 모양을 ずるずる라고 한다.

내 이야기는 길어

男 満さんって、小学校の時の初恋をず～っと引きずってる高校生みたいですよね。初恋を超えることなんて、一生ないんですよ。

남 미츠루 씨는 초등학교 때 첫사랑을 계속 잊지 못하는 고등학생 같네요. 첫사랑을 뛰어넘는 사랑은 평생 다시 없을 거예요.

3학년 A반

男 俺たち…、推薦まであと一歩だったんだよな。
女 まだ引きずってるの？
男 そりゃそうだろ。もうちょい力があれば。

남 우리들…. 추천 입학까지 거의 다 갔었는데.
여 아직도 생각하는 거야?
남 그럴 수밖에 없잖아. 조금만 더 잘했어도.

과보호의 카호코

男 やっぱり、昨日のことをまだ引きずってるんだな。

남 역시 어제 일을 아직 담아두고 있구나.

아직 결혼 못하는 남자

女 こないだ桑野さんの言ったことが妙に胸に刺さったの。世間体とか、親に言われたとか、他のことに引きずられて結婚してないかって。私の結婚って、もしかしたらそうだったのかもしれない。

여 요전에 쿠와노 씨가 한 말이 묘하게 가슴에 박혔어. 세상 이목이라든지, 부모가 한 말이라든지, 다른 거에 휩쓸려서 결혼한 거 아니냐고. 내 결혼이 어쩌면 그랬을지도 몰라.

用済み

볼일 없음, 필요 없음

'끝나다'란 뜻의 済む가 명사 뒤에 붙어 ~済み가 되면 '~완료', '이미 ~하다'란 의미가 된다. 用済み는 '용무가 끝남'이므로 '더 이상 볼일 없음', '더 이상 필요 없음'이란 뜻이고, 使用済み는 '(이미) 사용한 물건', '입었던 옷' 등의 의미가 된다. 또한 計算済み는 돈 계산이 아니라, '(일어날 일을) 미리 예측하고 이미 계산했음'이란 뜻이다. 手配済み는 '수배 완료', '준비 완료'란 뜻이고, 이 외에도 確認済み(확인 완료), チェック済み(체크 완료), 予約済み(예약 완료), 予習済み(예습 완료), 購入済み(구입 완료) 등 다양하게 쓴다.

 그게 아닌 쪽의 그녀

女 先生！なんで無視すんの！？１回寝たら、もう、用済みってこと！？あんなに優しかったのにひどい！

여 선생님! 왜 못 본 척해요!? 한 번 자고 나면 볼일 없다는 건가요!? 그렇게 다정했는데 너무해요!

 우리는 공부를 못해

女 うぎゃ～！成幸に渡す袋、間違えた～！好きな男子に、使用済み水着、渡す女子高生が、どこにいるんだよ～！

여 꺅~! 나리유키에게 줄 쇼핑백을 잘못 건넸다~! 좋아하는 남자에게 입던 수영복을 주는 여고생이 어디 있냐고~!

 메꽃 ~평일오후 3시의 연인들~

女 車にGPSを付けられてたのに気付いたから、タクシーに乗り換えたんだけど、それも計算済みだったみたい。

여 차에 GPS를 설치한 걸 알고 택시로 갈아탔는데, 그것도 이미 계산한 것 같아.

 전개걸

女 お車とファーストクラスのチケット、手配済みです。

여 차와 일등석 티켓이 준비됐습니다.

いっそのこと 차라리
かえって 오히려

いっそのことは いっそ와 마찬가지로, 여러 가지 중에서 그나마 나을 것 같은 것을 선택할 때 '차라리'란 뜻으로 쓴다. かえって는 예상이나 기대와 반대일 때 '오히려'란 뜻으로 쓴다. 逆に는 '반대로', '거꾸로'란 의미도 있지만, かえって와 마찬가지로 '오히려'란 의미로도 사용한다.

 멘탈 강한 미녀 시라카와 씨

男 僕、あんまり太らない体質で…。
女 羨(うらや)ましい！私なんかさぁ、食べた分だけ肉になっちゃうのよ。いっそ、絶食(ぜっしょく)でもしようかな～！

남 저는 별로 살찌지 않는 체질이라서….
여 부럽다! 나는 먹는 족족 살로 가는데. 차라리 단식이라도 할까~!

 딸바보 청춘백서

男 1人じゃ何にもできないんです、俺。このままじゃ進級(しんきゅう)も難しそうだし。いっそのこと、実家帰って、漁師、継(つ)ごうかなぁなんて、思ったりもして…。

남 전 혼자서는 아무것도 못해요. 이대로는 진급도 어려울 것 같고. 차라리 본가에 돌아가서 대를 이어 어부나 될까 싶기도 하고….

 도쿄 독신 남자

女 何でだろ。連絡取れなくなるとかえって会いたくなる。

여 왜 그럴까? 연락이 안 되면 오히려 만나고 싶어져.

 이 사랑 데워드릴까요?

男 こんなもんでそんなに喜ばれちゃ逆に困る。

여 이런 걸로 그렇게 기뻐하면 오히려 난처하네.

方向音痴 길치
運動音痴 운동치, 운동 신경 제로

音痴(おんち)는 우리와 마찬가지로 노래를 못하는 '음치'란 뜻인데, 일본에서는 다른 단어 뒤에 붙어서 그걸 못하는 사람이라는 의미로도 쓰인다. 方向(ほうこう)音痴는 '길치', 運動(うんどう)音痴는 '운동치', '운동 신경 제로', 味(あじ)音痴는 '미각이 둔한 사람', 料理(りょうり)音痴는 '음식 솜씨 꽝'이라는 뜻이다.

장인어른이라고 부르게 해줘

女 迷子になってんじゃない？お母さん。お母さん、方向音痴だから。

여 엄마, 길 잃어버린 거 아니야? 엄마 길치여서.

저, 정시에 퇴근합니다

女 フットサルやったときにね。運動音痴の私をみんな面白がってくれたんだよね。

여 풋살할 때 말이야. 운동신경 제로인 나를 다들 재밌어했어.

À Table! ~역사의 레시피를 만들어 먹다~

女 カエサルはあまり食に興味がなかった。ローマ人は「かゆを食べる未開人」とバカにされるほど質素(しっそ)な食事をしており、カエサルも味音痴というあだ名が付いていた。

여 카이사르는 별로 음식에 관심이 없었다. 로마인은 '죽을 먹는 미개인'이라고 업신여겨질 정도로 검소한 식사를 했고, 카이사르도 미각 둔한 사람이라는 별명이 붙어 있었다.

장난스런 키스 ~ Love in TOKYO

男 こいつは昔から料理音痴で、んーもう、俺の娘とは思えんたい。

남 이 녀석은 옛날부터 음식 솜씨가 꽝이라, 뭐 내 딸이란 게 믿기지 않아.

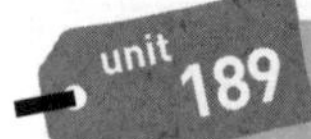

途端 ~하는 순간, ~하자마자
早々 하자마자

途端(とたん)은 '~하는 순간', '찰나'란 뜻이고, に가 붙어 途端に가 되면 '~하자마자'란 뜻인데, 그냥 둘 다 '~하자마자'로 쓰는 경우가 많다. 비슷한 표현인 早々(そうそう)도 '~하자마자'란 뜻이고, 早々に라고 하면 '빨리', '일찍', '서둘러'란 뜻이 된다.

보잘것없는 우리의 연애론

女 あの子、高校の時は真面目だったんだけど、大学生になった途端、急に帰りが遅くなったりして。

여 그 아이, 고등학생 때는 착실했는데, 대학생이 되자마자 갑자기 귀가가 늦어졌지 뭐야.

브러쉬 업 라이프

女 頼んでもないのに、自分の自撮り送ってくんのも超キモいよね。何かさ、付き合ってる時は別に平気なんだけど、別れた途端にそういうの死ぬほどキモくなるよね。

여 말도 안 했는데 자기 셀카 보내는 것도 완전 꼴불견이잖아. 왜 그런지 사귈 때는 딱히 아무렇지 않은데, 헤어지자마자 바로 그런 거 죽도록 꼴 보기 싫네.

저, 정시에 퇴근합니다

女 すごい方ですよね、賤ヶ岳(しずがたけ)さんは。休み明け早々、バリバリ働いて、クライアントからも頼りにされて。

여 시즈가타케 씨, 대단한 분이죠. 휴직 끝나자마자 일을 척척 해내고, 의뢰인에게도 신뢰받고.

멘탈 강한 미녀 시라카와 씨

男 みんなの頑張りで、今期の売り上げは、早々に目標を達成しました～！

남 모두가 분발해서 이번 분기 매출도 일찌감치 목표를 달성했습니다~!

寸前 직전
間際 ~가 다 되어서

寸前(すんぜん)은 倒産(とうさん)寸前(파산 직전), 離婚(りこん)寸前(이혼 직전)처럼 '거의 ~하기 직전'을 의미하는데, 보통 거기까지 이르지 않은 경우에 많이 쓴다. 直前(ちょくぜん)보다 寸前이 좀 더 임박한 느낌이다. 관련 표현으로 間際(まぎわ)는 '문 닫을 시간 다 되어서', '죽을 때 다 되어서'처럼 무엇이 임박했을 때를 의미한다.

언럭키 걸!

女 捕まる寸前で逃げてきました。

여 잡히기 직전에 도망쳐 왔어요.

치프 플라이트

女 でも、美晴(みはる)ちゃん達に出会えて、50歳なのにCAになれる寸前まで行って楽しかったあ。

여 하지만 미하루 동료들을 만나게 되어서 50살인데도 승무원 되기 직전까지 가서 즐거웠어.

하야코 선생님, 결혼한다니 정말인가요?

男 東立川(ひがしたちかわ)の駅の外れに、コロッケ屋さんがあってね。閉店間際の時間に行くと、1個100円が、半額の50円と、激安になるんです。

남 히가시타치카와의 역 변두리에 고로케 가게가 있는데요. 문 닫을 시간 다 되어서 가면 1개 100엔짜리가 반값인 50엔으로 초저가가 돼요.

삼천 엔의 사용법

男 お金なんかなくったって構わない。だって、いつ死ぬか分かんないんだから。死ぬ間際になって、やっぱり浪費(ろうひ)しとけばよかったなんて、後悔もしたくない。

남 돈 같은 건 없어도 상관없어. 그게 언제 죽을지 모르는 거니까. 죽을 때 다 되어서 역시 펑펑 써버릴걸 하고 후회도 하고 싶지 않아.

• Pop Quiz 19 •

 자연스러운 문장이 되도록 어울리는 표현을 골라서 적절한 형태로 만들어 넣으시오.

用済み, 半々, 寸前, 八つ当たり, 方向音痴, 大口たたく, 途端, いっそのこと, どっちつかず, 引きずる

1. フラれたからって ________ しないでくださいよ。

2. 楽勝だって ________ といて恥ずかしくないのか。

3. 悩んでるぐらいなら、一回ちゃんとぶつかんなよ。今のままじゃ ________ でしょ。

4. 彼女をめぐっては、いい評判と悪い評判が ________ だ。

5. 別れたこと ________ うだうだと粘着する人、よくいるじゃん。

6. A: 孫ができるまではあなたに健康でいてもらわないと。

   B: そのあとは ________ か？

7. 会社、行きづらいなら ________ 辞めちゃえば？俺が養うから。

8. ________ なのに、知らない道通ったりするから迷子になるんだよ。

9. 先輩が見ててくれるなら部活頑張ろうって思った ________ に部活が終わっちゃったんだよね。

10. 破局 ________ だった彼女との仲を取り持ってくれたのはあいつだった。

CHAPTER 20

Chapter 19 정답	1. 八つ当たり 2. 大口叩い 3. どっちつかず 4. 半々 5. 引きずって 6. 用済み 7. いっそのこと 8. 方向音痴 9. 途端 10. 寸前

土壇場 막판, 마지막 순간
ドタキャン (약속 시간 직전에) 취소

土壇場(どたんば)는 과거에 흙을 쌓고 그 위에 죄인을 눕혀 참수형을 집행하는 형장을 의미했는데, 현재는 어떤 일이 이루어지려고 하는 '마지막 순간', '막판'을 의미한다. どたんば와 キャンセル(cancel)를 합친 단어인 ドタキャン은 약속 시간이 거의 다 되었을 때 갑자기 취소하는 것을 의미한다.

슬로우 댄스

女 ストップって、どういうことですか！？
男 だから、ライセンス契約、**土壇場**で、もめちゃったらしいんだよ。

여 중지라니 어떻게 된 거예요?
남 그니까 라이선스 계약이 막판에 말썽이 생긴 것 같아.

자만 형사

男1 冴木(さえき)さん、あれですか。既婚者(きこんしゃ)ですか？
男2 ええまあ、新婚で。
男1 あららら。だったら、これに教えてやってよ。**土壇場**で女に逃げられない方法。

남1 사에키 씨, 저기 기혼자인가요?
남2 네, 뭐. 신혼입니다.
남1 그럼, 얘한테 좀 알려줘요. 막판에 여자가 도망가지 않는 법.

내 이야기는 길어

女1 ただいま。
女2 おかえり。ん？綾子(あやこ)とデパート行くんじゃなかったの？
女1 **ドタキャン**された。

여1 다녀왔습니다.
여2 어서 와. 어? 아야코랑 백화점 가는 거 아니었어?
여1 갑자기 취소당했어.

도쿄 남자 도감

男1 今夜、暇？男１人**ドタキャン**になっちゃってさ、合コン。
男2 行かない。苦手なんだよ。

남1 오늘 저녁에 시간 있어? 남자 1명 갑자기 취소해서 말이야, 미팅.
남2 안 가. 그런 거 안 좋아해.

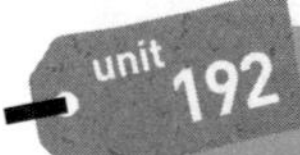

~忘れる

~하는 것을 깜박하다

忘(わす)れる가 동사의 연용형 뒤에 붙으면 '~하는 것을 깜박하다'란 의미가 된다. 言(い)い忘れる는 '말하는 것을 깜박하다', 聞(き)き忘れる는 '묻는 것을 깜박하다', 返(かえ)し忘れる는 '돌려주는 것을 깜박하다', 置(お)き忘れる는 '깜박하고 두고 오다'란 의미이다.

 스미카 스미레

女 ああ！言い忘れてましたけど、お財布、届けてくださって、ありがとうございました。

여 아! 말하는 걸 깜박하고 있었는데, 지갑 가져다주셔서 감사합니다.

 사랑은 계속될 거야 어디까지나

男 大事なことを言い忘れた。俺は仕事とプライベートはちゃんと分けたい。病院では必要以上に俺に話しかけるな。

남 중요한 얘기 하는 걸 깜박했다. 난 일과 사생활은 확실히 구분하고 싶어. 병원에서는 필요 이상으로 나한테 말 걸지 마.

 메꽃 ~평일오후 3시의 연인들~

女 そうだ。紗和(さわ)ちゃんに聞き忘れてた。どうして主人の名字、知ってたの？だって、初対面なのに。

여 맞다. 사와한테 물어본다는 걸 깜박했었어. 어떻게 우리 남편 성을 알았어? 초면인데.

 브라더 트랩

女 あっ、あの、これ。返し忘れてた。借りっぱでごめんね。

여 아, 저기 이거. 돌려주는 거 잊고 있었어. 빌려놓고 안 돌려줘서 미안.

 남자 가정부를 원해?

女 母が置き忘れたストールが見つからなくて、この辺に埋(うず)まってると思うんですけど、あったら教えてください。

여 엄마가 깜박하고 두고 간 스톨이 보이지 않는데, 이 주변에 파묻혀 있을 것 같아요. 있으면 알려주세요.

unit 193

~そびれる

~할 기회를 놓치다, 미처 ~못하다

そびれる는 동사의 연용형 뒤에 붙어서 '~할 기회를 놓치다', '미처 ~못하다'란 의미로 만든다. 言(い)いそびれる는 '말할 기회를 놓치다', '미처 말을 못하다', 聞(き)きそびれる는 '미처 묻지 못하다', '미처 못 듣다', 渡(わた)しそびれる는 '미처 건네지 못하다', 返(かえ)しそびれる '미처 돌려주지 못하다', 食(た)べそびれる '미처 못 먹다', '식사 때를 놓치다'란 의미이다.

와다가의 남자들

男 ごめん。相談しようと思ってたんだけど、言いそびれちゃって…。

남 미안. 상의하려고 했는데 말할 기회를 놓쳐버려서.

결혼하지 않는다

女 この間、言いそびれちゃったんだけどさ。うちの旦那の事業、ちょっとまずいことになってんだよね。倒産するかも。

여 저번에 얘기 못 했는데. 우리 남편 사업이 좀 힘들게 되어서 부도날지도 몰라.

우리는 사랑이 서툴러

女 いや~実はさ。あの日、成田君(なりたくん)と歩君(あゆむくん)の連絡先、聞きそびれちゃったんだよね。

여 실은 말이야. 그날 나리타와 아유무의 연락처를 못 물어봤단 말이지.

저, 운명의 사람입니다

男 あそこ覚えてる？ 12年前に晴子(はるこ)に告白した場所。ちゃんとした返事を聞きそびれた場所。

남 저곳 기억 나? 12년 전에 하루코에게 고백한 장소. 제대로 답을 듣지 못한 장소.

사랑 따위 진심으로 해서 어쩌려고?

女 今日、忙しくて朝ご飯食べそびれて、おなかぺこぺこなの。

여 오늘 바빠서 아침을 못 먹어서 엄청 배고프단 말이야.

ひたすら 오로지, 그저, 한결같이
もっぱら 오로지, 한결같이

ひたすら는 그저 한 가지에만 전념하는 모양을 의미한다. ひたすら寝(ね)る(그저 잠만 자다), ひたすら働(はたら)く(오로지 일만 하다), ひたすら待(ま)つ(그저 기다리기만 하다)처럼 '오로지', '그저', '한결같이'란 뜻으로 사용한다. 비슷한 단어인 もっぱら도 '오로지', '한결같이'란 뜻이다.

짐승이 될 수 없는 우리

男 僕ね、昔、ぶっ壊れたことがあるんです。少しでも現実から遠ざかりたくて、ひたすら家でゲームやってた。

남 저 예전에 완전 망가진 적이 있어요. 조금이라도 현실에서 멀어지고 싶어서 집에서 오로지 게임만 했었죠.

삼천 엔의 사용법

女1 もう1泊ぐらい、してけばいいのに。

女2 家にいたら、ひたすらゴロゴロしちゃいそうだからさ。

여1 하루 더 있다 가면 좋을 텐데.

여2 집에 있으면 그저 빈둥빈둥할 것 같아서.

삼천 엔의 사용법

女 資産を増やすには、いったいどうしたらいいでしょうか？

男 え～ためたお金を使わずに、ひたすら貯金し続けることです。

여 자산을 늘리려면 도대체 어떻게 해야 좋을까요?

남 음, 모은 돈을 쓰지 않고 오로지 계속 저금하는 거요.

이니시에이션 러브

女 私も本、好きなんですよ。だから、ずっと気になってて。どんなの読むんですか？

男 僕はもっぱら、推理小説専門。

여 저도 책 좋아해요. 그래서 계속 궁금했는데, 어떤 책 읽으세요?

남 저는 오로지 추리 소설 전문이요.

unit 195

断じて 결코, 단연코, 절대로, 단호히
断固 단호히, 단연코

断じて(だん)는 断じて許さない(ゆる)(결코 용서하지 않는다), 断じて関係ない(かんけい)(단연코 관계없다), 断じて認めない(みと)(절대로 인정하지 않는다)처럼 부정문에서 '결코, 단연코, 절대로' 등의 의미로 쓰지만, 긍정문에서는 '단호히, 반드시' 등의 의미로 사용한다. 비슷한 단어로 '단호히, 단연코'란 의미의 断固(だんこ), '결코'란 의미의 決して(けっ)가 있다.

이 남자는 인생 최대 실수입니다

女1 ねえねえ、社長とデキてんの？みんなウワサしてるよ。

女2 いや、違います！断じて違いますから。

여1 저기, 사장님이랑 사귀는 거야? 다들 얘기하고 있어.

여2 아뇨, 그런 거 아니에요! 결코 아니에요.

연애 니트~ 잊어버리고 있었던 사랑을 시작하는 방법

女 ひょっとして、ドMなんですか？ほら、凛(りん)って、愛想がないから、ああいう冷たいのがタイプって人もいるでしょ。

男 断じて言いますけど、僕、あの、Mでもなければ、Sでもありませんから。

여 혹시 심한 마조히스트인가요? 린이 붙임성이 없는데, 그런 쌀쌀맞은 사람이 타입인 사람도 있잖아요.

남 단호히 말하지만 저는 마조히스트도 사디스트도 아닙니다.

민왕

男 私は、根拠のないバッシングには、断じて屈しません。

남 저는 근거 없는 비방에는 결코 굴복하지 않겠습니다.

리갈 하이

男 われわれの日照権(にっしょうけん)を奪(うば)うマンション建設に、断固、反対しましょう！

남 우리의 일조권을 빼앗는 아파트 건설에 단호히 반대합시다!

断然

단연, 훨씬

우리도 '단연'이란 말을 쓰긴 하지만 흔하게 자주 쓰는 말은 아닌데, 일본에서는 우리가 '훨씬'이란 말을 쓰는 정도로 자주 사용한다. 断然(だんぜん)いい(단연 좋다), 断然効率的(こうりつてき)(훨씬 효율적), 断然おいしい(훨씬 맛있다)처럼 무엇이 월등하다고 강조할 때도 쓰고, 좋아하는 동물을 묻는 질문에 断然犬(いぬ)(단연 강아지)라고 하거나, 선호하는 차에 관해서 断然コーヒー(단연 커피)라고 말하는 것처럼 망설임 없는 확고한 마음을 표현할 때도 사용한다.

불량소녀, 너를 응원해!

女1 お姉ちゃん、化粧、濃すぎない？
女2 ねっ… 普通にしてたほうがかわいいと思うけどなあ。
女3 いや、こっちのほうが断然かわいいっしょ。

여1 언니, 화장 너무 진한 거 아니야?
여2 글치, 무난하게 하는 게 예쁠 거 같은데.
여3 아니, 이게 훨씬 예쁘지.

삼천 엔의 사용법

女1 ねえ、美帆(みほ)。ちゃんと、ご飯食べてるの？
女2 うん。帰りに、デパ地下とかで買ってるし。
女3 毎日お総菜(そうざい)？作った方が、断然、安いのに。
女1 ねえ。そうよ。もったいない。

여1 저기, 미호. 밥은 잘 챙겨 먹고 있어?
여2 응. 퇴근길에 백화점 지하 같은 데서 사.
여3 매일 반찬을? 직접 만드는 게 훨씬 싼데.
여1 맞아, 그래. 아깝다.

여자 구르메 버거부

女1 どこ行くの？やっぱ恵比寿(えびす)？
女2 はぁ？なんで？
女1 初デートでしょ。そんなの渋谷とか新宿より、断然、恵比寿でしょ。

여1 어디 갈 거야? 역시 에비스?
여2 뭐? 왜?
여1 첫 데이트잖아. 그런 건 시부야나 신주쿠보다 단연 에비스지.

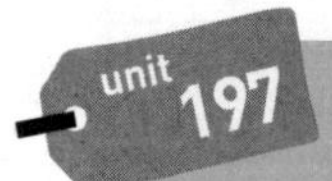

断トツ

단연 톱

断(だん)トツ는 断然(だんぜん)トップ의 줄임말로 말 그대로 '단연 톱'이라는 의미이다. 가타카나로 ダントツ로 표기하기도 한다. 断トツの１位(단연 톱의 1등), ダントツに仕事が早い(단연 톱으로 일이 빠르다), ダントツかわいい(단연 톱으로 귀엽다)처럼 최고로 뛰어나다고 할 때 많이 쓰는데, 断トツに弱い(단연 톱으로 약하다), 断トツでビリ(단연 최하위로 꼴찌)처럼 최하로 뒤떨어지는 경우에도 사용한다.

하코즈메 ~싸워라! 파출소 여자들~

男1　２人ともすっげぇ美人！
男2　白衣の天使は違うな！
女　そんなことないですよ。
男2　いやいや、今まで会った中で断トツ！

남1　두 분 다 엄청 미인이시네요!
남2　백의의 천사는 다르구나!
여　그렇지 않아요.
남2　아니, 지금까지 만난 사람 중에 단연 톱이에요!

불량소녀, 너를 응원해!

男　そのときの彼女は… 偏差値(へんさち)30で、学年断トツビリの、筋金入り(すじがねい)りのギャルだった。

남　그 당시 그녀는 편차치 30으로 학년에서 단연 최하위 꼴찌로 뼛속까지 날라리였다.

그랑 메종 도쿄

女　私、祥平(しょうへい)君がモンブランを作ってたって知ってから、色んなモンブランを食べたんですよ。私はあんまり料理ができないから、せめて味だけでも詳しくなりたいと思って。その中でもこれは… ダントツにおいしいです。

여　저는 쇼헤이가 몽블랑을 만든다는 걸 알고부터 여러 몽블랑을 먹었습니다. 제가 그다지 요리를 잘하지 못해서 적어도 맛이라도 제대로 알고 싶어서요. 그중에서도 이건… 단연 톱으로 맛있습니다.

unit 198

とびきり

특출남, 월등함

とびきり는 특출나게 뛰어나거나 월등하다는 의미로, 한자로 飛(と)び切(き)り로 쓰기도 하고, 힘줘서 말할 때는 とびっきり로 쓸 때도 많다. とびきりおいしい(특출나게 맛있다), とびっきり可愛い(특출나게 예쁘다), 飛び切りの笑顔(えがお)(아주 활짝 웃는 얼굴)처럼 다양하게 쓰인다. 비슷한 표현으로 '가장 출중하다'란 의미의 ピカイチ와 '발군'이란 의미의 抜群(ばつぐん)이 있다.

넘버 MG5

女 ママの飛び切りおいしいスペシャルディナーを召し上がれ！

여 엄마의 특출나게 맛있는 스페셜 디너를 잡숴봐!

고양이

男 じゃあ、応援の意味も込めて、今日はカット代、タダでいいよ。
女 ホントに!?
男 うん。とびっきりきれいにして、送り出してあげましょう。
女 ありがとう。

남 그럼, 응원의 의미로 오늘은 커트 공짜로 해줄게.
여 정말요!?
남 응. 특별히 예쁘게 해서 보내 줄게요.
여 고마워요.

그게 아닌 쪽의 그녀

男1 先輩は、あの…。しちゃったあとは、どういう顔して家に帰るんですか？
男2 とびきりの笑顔に決まってる。好きで不倫しときながら、暗い顔や罪悪感ありありの顔で家族の前に帰るな。それは最低だぞ。

남1 선배는 그… 한 다음에 어떤 얼굴로 집에 돌아가요?
남2 당연히 활짝 웃는 얼굴이지. 좋아서 불륜하면서 어둡고 죄책감 가득한 얼굴로 가족 앞으로 돌아가지 마. 그건 최악이야.

ダメもと

밑져야 본전, 안 되면 말지 하고, 혹시나 하고

駄目(だめ)でも元々(もともと)의 줄임말로 駄目는 '안 됨', 元々는 '본전'. 그래서 '안 되어도 손해 볼 건 없다'란 의미이다. 무엇이 안 되더라도 나쁠 건 없고 잘되면 득이니 한번 해보자고 할 때 사용한다. 보통 줄임말 형태로 ダメもと, ダメ元, 駄目もと 등으로 표기한다.

프라이스리스 ~있을 리 없잖아, 그런 거!~

男1 君はどうしてミラクル魔法瓶(まほうびん)に入社したの？

男2 俺が大学、卒業するころ、就職氷河期(ひょうがき)が始まりかけてたときで、受ける会社、受ける会社、全部、落ちてたんですよ。で、まあ、駄目もとで受けた会社の一つが、ミラクル魔法瓶だったんで。

남1 자네는 왜 미라클 보온병에 입사했나?

남2 제가 대학 졸업할 때쯤 막 취업 빙하기가 시작될 무렵이라, 지원하는 회사마다 전부 떨어졌습니다. 그래서 밑져야 본전이란 생각으로 지원한 회사 한 곳이 미라클 보온병이었죠.

린코씨는 해보고 싶다

女 緋山(ひやま)さんみたいな方にオファーするのはダメもとだったんです。お忙しいなか、ほんとにありがとうございました。

여 히야마 씨 같은 분에게 의뢰하는 건 안 되더라도 한번 해보자는 생각이었어요. 바쁘신 와중에 정말로 감사드립니다.

이건 경비 처리할 수 없습니다!

女1 お先に。

女2 あっ、森若(もりわか)さん。私たち、これから、ごはんなんですけど、よかったら一緒に。

女1 えっと… 予定が。

女2 ですよね。ダメ元で言ってみました。

여1 먼저 가볼게요.

여2 아, 모리와카 씨. 우리 지금 밥 먹으러 갈 건데, 괜찮으면 같이 어때요?

여1 저기… 약속이.

여2 그렇군요. 혹시나 하고 물어봤어요.

一か八か 되든 안 되든, 모 아니면 도
当たって砕ける 과감히 부딪쳐 보다

一か八か는 결과가 어떻게 되든 하늘에 운을 맡기고 과감히 해보다는 의미의 관용구로, 가타카나로 イチかバチか로 쓰기도 한다. 이것의 어원은 여러 속설이 있는데, 주사위를 던지는 도박에서 베팅하고 있던 '1이 나오거나 罰(벌: 다른 숫자)가 나오거나'에서 왔다는 설이 가장 먼저 꼽힌다. 一か八か의 八는 발음이 비슷한 罰에서 왔다는 것이다. 비슷한 표현으로 当たって砕ける가 있는데, '(되든 안 되든) 과감히 부딪쳐 보다'란 의미이다.

검은 가죽 수첩

女 こうなったら、一か八か、もう一度会長に会って、直談判するしかない。

여 이렇게 된 이상 되든 안 되든 한번 더 회장님을 만나서 직접 담판하는 수밖에 없어.

프라이스리스 ~있을 리 없잖아, 그런 거!~

男 こういうときは、イチかバチか強気でいくしかねえだろ。

남 이럴 때는 되든 안 되든 강하게 나가는 수밖에 없잖아.

여자 구르메 버거부

男 店を出すことは、俺たちにとって、一か八かのチャレンジだった。

남 가게를 여는 것은 우리에게 있어 모 아니면 도의 도전이었다.

아이즈

男 アホ！当たって砕けるつもりで、今すぐデートに誘ってこい。

남 바보! 일단 부딪쳐 보자는 생각으로 당장 데이트 신청하고 와.

嫌々 마지못해
しぶしぶ 떨떠름하게, 마지못해

嫌々(いやいや)는 무엇을 '싫다 싫다' 하면서 하는 것이므로 '마지못해'란 의미가 된다. 渋(しぶ)い는 '떫다', '떫떠름하다'란 단어인데, 渋々(しぶしぶ)가 되면 '떨떠름하게', '마지못해'란 의미가 된다. 히라가나 しぶしぶ로도 많이 쓴다.

수수하지만 굉장해! 교열걸 코노 에츠코

男 お前だってそうだろ。校閲(こうえつ)の仕事、やりたくてやってるわけじゃねえだろ。ホントは、ファッション誌やりたいのに、嫌々やってんじゃねえのか？

남 너도 그렇잖아. 교열 일 하고 싶어서 하는 거 아니잖아. 원래는 패션 잡지 하고 싶은데 마지못해 하고 있는 거 아니야?

내 이야기는 길어

男 何度も断る光司(こうじ)さんを俺がしつこく誘ったんだよ。光司さんには、嫌々付き合ってもらっただけ。

女 嫌々付き合った割には、相当飲んでるみたいだけど。

남 몇 번이나 거절하는 코지 씨를 내가 집요하게 꼬셨어. 코지 씨는 마지못해 따라간 거라고.

여 마지못해 따라간 것 치고는 상당히 마신 것 같은데.

퍼스트 러브 하츠코이

男 さすがに高校くらいは行ってくれと親に泣かれ、ガラスを弁償(べんしょう)してもらう代わりに、模試(もし)を受けることを渋々約束した。

남 아무래도 고등학교는 다니라고 부모가 우는소리를 해서, 유리창을 변상해 주는 대신에 모의고사는 보는 걸로 마지못해 약속했다.

과보호의 카호코

女 小遣いもらえるからしぶしぶ行ってたけどさ。なんであんたらみたいな素人の前で、チェロ弾かなきゃいけないわけ？

남 용돈 받을 수 있으니까 마지못해 갔지만, 왜 너희 같은 초짜 앞에서 첼로를 연주해야 하는 건데?

泣く泣く

울면서, 울고 싶은 심정으로, 어쩔 수 없이

泣(な)く泣(な)く는 글자에서 느낄 수 있는 것처럼 '울고 싶은 심정으로', '어쩔 수 없이'란 뜻이다. 이별할 때나 슬픈 기분을 표현할 때 많이 쓴다. 강도가 좀 더 약한 표현으로는 仕方(しかた)なく가 있다.

실연밥

女 キミマルさん、高校生の時の彼氏がアイドルの夢を追いかけて上京したんだけど、泣く泣く別れることになったんだよね。

여 키미마루 씨는 고등학생 때 남자친구가 아이돌을 꿈꾸고 상경했는데, 어쩔 수 없이 헤어지게 되었어.

연애 니트~ 잊어버리고 있었던 사랑을 시작하는 방법

男 私も過去に似たような経験をしましてね。彼女のためを思って、泣く泣く別れを選んだことがあります。でもその選択は間違いじゃないと思ってるんです。なぜなら、彼女は今とても幸せな人生を送ってるからです。

남 저도 과거에 비슷한 경험을 해서요. 여자친구를 위해 울고 싶은 심정으로 이별을 선택한 적이 있습니다. 하지만 그 선택은 틀리지 않았다고 생각합니다. 왜냐하면 그녀는 지금 아주 행복한 인생을 살고 있거든요.

나나

女1 あ…。男、追っかけて、東京行くんだ。

女2 もともとは地元でおんなじ専門学校だったの。でも東京の美大を受けるために1年前に上京しちゃって。

女1 なんで、そん時、一緒に行かなかったの？

女2 章司(しょうじ)が… 彼がダメだって。あたしには目標もお金もなかったから、そういうやみくもな行動はよくないって。それで泣く泣く地元残って上京資金貯めて、章司が大学受かったら、あたしも行くって約束で。

여1 아…. 남자 쫓아서 도쿄에 가는구나.

여2 원래는 고향에서 같은 전문학교 다녔어. 근 데 도쿄의 미대에 들어가려고 1년 전에 상경해 버려서.

여1 왜 그때 같이 안 갔어?

여2 쇼지가… 남자친구가 안 된다고 해서. 나는 목표도 돈도 없었으니까 무턱대고 행동하는 건 좋지 않다고. 그래서 어쩔 수 없이 고향에 남아서 상경할 돈 모아서, 쇼지가 대학에 합격하면 나도 가기로 약속했지.

• Pop Quiz 20 •

 자연스러운 문장이 되도록 어울리는 표현을 골라서 적절한 형태로 만들어 넣으시오.

ひたすら, 断トツ, 断じて, ダメもと, 嫌々, とびきり, 一か八か, 言い忘れる, 泣く泣く, ドタキャン, 断然, 食べそびれる

1. 1人でツアーなんて、どうした？まさか彼女に ____________________ されたの？

2. 先日のお礼を ____________ てました。足を運んでくださってありがとうございました。

3. 駅でなんか買っていこうか。朝ご飯 ____________ ちゃって。

4. 寝てんじゃない？休みの日は ____________ 寝てるって人だから。

5. あんな邪道(じゃどう)な食べ方、私は ____________ 許しません！

6. やっぱ誰かに作ってもらうと ____________ おいしい。

7. 中学の時、女子人気投票で ____________ 1位に選ばれた。

8. ____________ おいしいラーメンゆ、作って！

9. ____________ で仕事を頼んでみたんだけど、快く引き受けてもらえた。

10. こうなったら ____________ 社長にプランBを提案してみよう。

11. そんな ______________ する結婚、幸せになれるのかしら？

12. 失恋した彼女は ______________ 私のところに相談にやって来た。

Chapter 20 정답	1. ドタキャン 2. 言い忘れ 3. 食べそびれ 4. ひたすら 5. 断じて 6. 断然 7. 断トツ 8. とびきり 9. ダメもと 10. 一か八か 11. 嫌々 12. 泣く泣く

궁극의 일본어 구어체 표현
개꿀

초판 1쇄 인쇄 2023년 9월 20일
초판 1쇄 발행 2023년 9월 25일

지은이 바가킹구
펴낸이 홍성은
펴낸곳 바이링구얼
교정·교열 김효연
디자인 기민주

출판등록 2011년 1월 12일
주소 서울 마포구 월드컵북로5나길 18, 217호
전화 (02) 6015-8835
팩스 (02) 6455-8835
메일 nick0413@gmail.com

ISBN 979-11-85980-41-6 13730